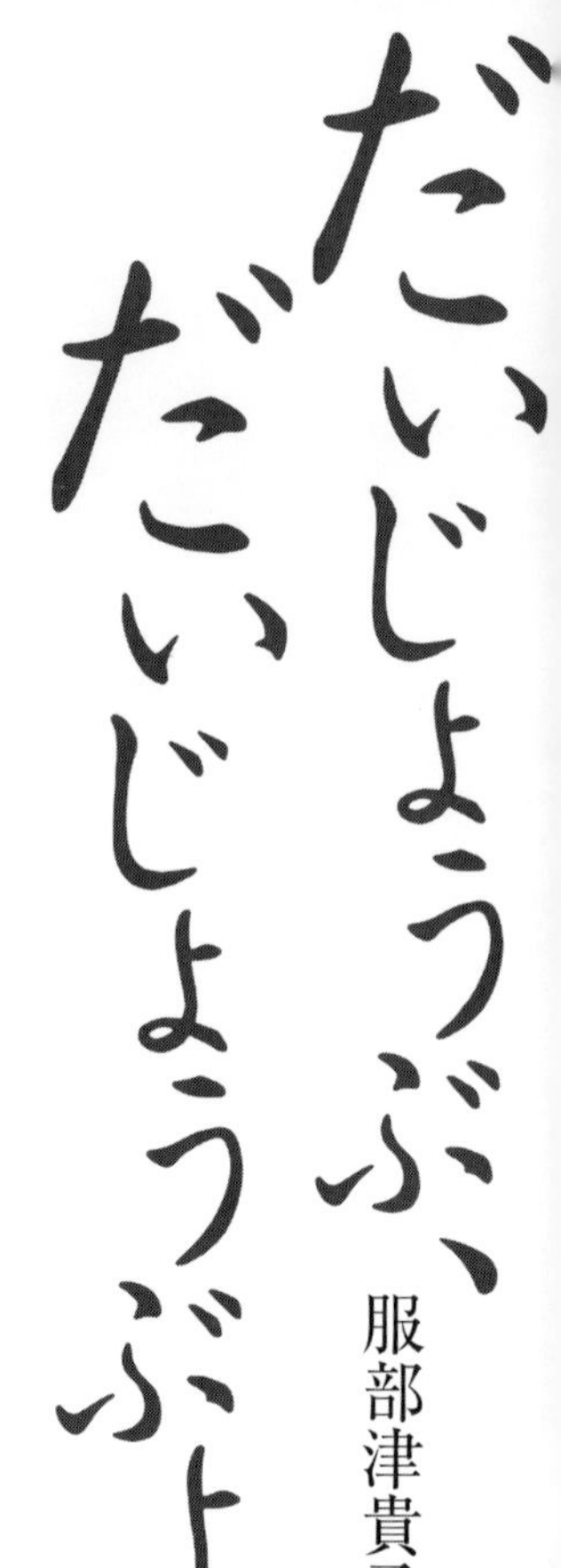

服部津貴子

永遠に伝えたい
服部家の心のレシピ

——親愛なる母へ

はじめに

服部栄養専門学校が食育基本法の制定に携わり、それ以降も『食育』を普及するための拠点として活動していることは、広くご理解を頂いています。

今ではテレビの番組でも、『食』について幅広く取り上げられ、多くの方が健康的な食事を心がけておられますし、男性も多くの方々が楽しんで調理をされるようになってきています。皆さんの食に対する意識が高くなってきている証拠だと、とても嬉しく思います。

なぜ、服部学園がここまで『食育』に熱心かと申しますと、これは、先代の校長である母の影響が大きいというのが、現校長である兄、幸應と私の意見の一致するところです。

母は、子どもの頃に実母を亡くし、その後波乱万丈の人生を過ごしました。

先々代の校長であった父と結婚後は、父を支えて学校のために尽くしてきました。

現在の調理師法は、当時の政治家の大野伴睦先生のお力をお借りして、父が確立したものですが、学校の経営や運営については、母に頼ることが多かったと聞いています。

その父も早くに亡くなったため、母は１９６５年に校長を引き継ぎ、学校を大きくすることに尽力しました。現在の本校舎であるビルも実は母が建てたものなのです。

１９６０年代は、まだ女性が仕事を持つことに偏見も多くあった時代です。その中で、母は校長という職を継ぎ、ビルまで建てました。そんな大変な仕事をしながら、家では私たちに、家族の大切さ、食の大切さを教えてくれていました。

母は12年間校長を務め、１９７７年3月に亡くなりましたが、奇しくもそれは、母が建てた学校のビルのローン返済が終わった、その翌月のことでした。

動乱の時代を駆け抜け、校長としても母としても全力で生きてきた母の教えは私の中に、貴重な宝物として残っています。

服部栄養専門学校の卒業生には、学校を大きくすることに多大なる貢献をした女性校長、服部記代子の功績をぜひ知って頂きたいと思い、この本を執筆いたしました。

また『食育』に真剣に取り組んでおられる方々には、『食育』のルーツとして参考にしていただけたら幸いです。

コロナ禍で、健康への意識はますます高まっています。免疫力を上げるためのレシピも掲載していますので、この本が皆様の心と体を健康にする栄養剤になれたら、こんなに嬉しいことはありません。

目次

※各レシピに『食育・免疫機能ＰＯＩＮＴ』付

目(和)
鼻(洋)
口(華)

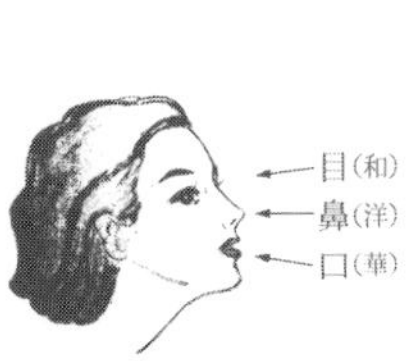

イラスト／服部記代子

1章　突然の別れ

——終わりと始まり——

あちこちで芽吹きの気配が感じられる初春の頃。その日は、暖房のない廊下に出れば、息が白くなるほど寒い夜だった。

ルルルルル……ルルルルル……時計は10時を回っている……夜の静寂に電話の音が響く。

あたりにＵＶＡ（※）のフレーバーが充満仕出したその時だった。

「こんな時間に誰かしら……」

今までの感じたことのない胸騒ぎを覚えた。

当たってほしくはなかったが、嫌な予感は当たるもので、母が倒れたという、住み込みのお手伝いさんからの電話だった。

母、記代子52歳――『服部栄養専門学校』第二代校長である。

取るものも取り敢えず、駆け付けたが、時遅し……間に合うことができなかった。

「心筋梗塞だったのです。とても寒い日で……。あとで、心筋梗塞では亡くなられる方の半数以上が、発症から一時間以内に集中していて、病院に到着する前に亡くなる場合が多いとはお聞きはしたのですが……」

急性心筋梗塞とは、心臓に栄養や酸素を補給している冠動脈が急に詰まって、その先に血液が流れなくなることで、心臓の筋肉が死んでしまう病気である。処置が早い場合は助かる場合もある、現代であれば、心臓の周りの血管に血液を送るためのトンネルのようなもの＝ステントを施せば助かったかもしれない、と随分後になって聞いた。

専門機関の調査では、急性心筋梗塞による死亡例は、80％が24時間以内、60％は病院到着前、専門施設のある病院到着後の死亡率は5～10％というデータもあるそうだ。

「今でしたらね、今の医療なら助かったかもしれないなんて思うんですね……」

分かっているつもりでも、残念な思いが拭えない。

誰もが、予期していなかった母の死、52歳といえば、まだまだこれから、健康診断でもこれといって悪い所も見つからず、栄養学の観点からも常日頃から食事に気を付けていたせいか、風邪もめったにひかない記代子だった。風邪をひいていたとしても、どこか体調が悪かったとしても、周囲に気配を感じさせず、いつも凛とした雰囲気を纏っていた。ただ、父であり、初代校長道政の突然の死の後、学校を切り盛りしてきた記代子。肩凝りがひどく、週二回のマッサージを、津貴子の青山の家で受けるのが習慣化してい

※世界三大紅茶の1つ。刺激的な香りと爽快な味が特徴の三大銘茶の一つ

たという。時間的にも肉体的にも無理が蓄積していたのかもしれない。

「40年以上も前のことですが、手を施す間もなく亡くなってしまって……私がそばに付いていていてあげられたらと、今でも電話を受けたあの夜のことを思い出します」

時間が解決するという言葉があるが、あまりに突然な母の死に直面した現実のせいか、その日の時間だけ置き去りになったまま津貴子の中に留まっている。

津貴子にとって特別となった〝その日〟。

「〝その日〟は虫の知らせというんでしょうか。ちょうど子どもを寝かしつけて、無性に母のことが浮かんできたんです。母は、9歳くらいで、実の母を失い、しばらくして二番目の母がきたのですが、母が中学生の時には病気で寝たきりになり、看病しながら学業や家事に忙しくしていたようです。弟もいたようですが、その弟もやがて病気になり、高校時代は弟の看病と家事に明け暮れ、忙しいと思う間もないくらいの毎日を送っていたようで……。栄養士の資格を取ろうと父の学校に入って、父に見初められ、20歳で結婚し、次はおしゅうとさんから厳しい教えを受け、家を切り盛りし、父が亡くなって、学校長に就任し、学校運営に精魂を注いでいました。そして、現在の代々木の学校であるビルを建てて……と、母が見た景色を私が見ているかのように、どういうわけか、母の生涯が一気に私の中を駆け抜けていったのです。

前列左：記代子を抱く祖母 津多子　後列左：祖父 用三

1番右が記代子[小学校高学年くらい]

子どもが、いつも以上の駄々をこねたというのも記憶に残っています。子どもの駄々をこねる様子に、『ああ母にはきっと子どもの頃から、いろいろと世話を焼かせてきたに違いない』って思いまして……自分の子どもに対しても無性に母性が湧いてきたのも覚えています」

何かが違っていた〝その日〟だった。

「兄が大学生、私が高校生の時に父が亡くなりました。残された母には仕事がものすごく山積みだったはずなのに、それでも私たち兄妹は言いたいことを言って、のびのびと育ててもらったと、私自身が子どもを産んで母親になって、育てる過程で感じたことです。その晩は、いろんなことが思い出されて、母にはこれから親孝行をしていかないといけないなぁ……、あの時は申し訳なかったな、意地を張ったりしたな、わけもなく母に突っかかったりしたな、ああいうこともあったこういうこともあったなって、走馬灯のように蘇って来たんですよ。そんな思いを巡らせていた、時間帯だったんです、母が亡くなったのが。

もちろん、日々の生活の中で、『母がどうしているかしら』と思うことはあるけれど、あの時みたいに一つ一つが、鮮明に甦ってくるなんて……主人とも、母の思い出、こうだったああだったと話をしていて、ちょうどそれがね、時計が10時をまわった頃、『これから親孝行をしていこう』と言っている時だったんです」

まさか、そんな日に……

「実は、学校を代々木に移して、建て替えた時に何十億円という借金、ローンができまして……そのローンを地道に返してきて、やっと2月に終わったところだったんですよ……それが一カ月も立たずにね、たぶんですね、ローンを抱えていてそれなりに重圧があったと思うんです。ほっとして、これから気分も新たに、という時でした。張りつめていたものが、緩んだかもしれませんね」

母、記代子は世田谷の家にお手伝いさんと住んでいた。そこは、津貴子が結婚するまで過ごした場所だった。

急いで駆け付けた津貴子の足元に、何も知らずに子犬が戯れながら付いてくる。

記代子は動物好きで、数十匹もの犬を飼っていた。この日もジャパンケンネルクラブ（ＪＫＣ）主催の犬のコンテストがあり、元気に出かけたそうだ。3月のまだ肌寒い中、犬の世話をするため、吹きっさらしの中、長時間外にいたそうである。

「小型犬のいろいろなワンちゃんたちが出てきて、毛並みを競ったり、ジャンプしたり走ったりするのを観て、とっても犬好きな母でしたから、楽しんだようです。ただ、寒い中から戻って、一日外出して仕事の会食の予定をこなしてから帰宅して、お手伝いさんによると、『とっても身体が冷えているから』と言って熱いお風呂に入ったそうで、出たり入ったり、暑かったり寒かったりで、日頃から疲れがたまっているところに、身体が付いていかなかったでしょうね」

記代子は、お風呂の後はすぐ寝室に引き取ったそうだ。

「母は、お手伝いさんのために、犬がたくさんいて眠れないかもしれないということで、歩いて5分のところにアパートを借りていましてね……お手伝いさんはアパートに帰る5分前に、いつも母に寝室の外から声をかけて帰るんですけど、その日は声をかけても返事がないのと、これもまた虫の知らせというか、寝室に入ってみたら、母がベッドの上で横になっていて、様子がおかしかったと。それで私に連絡をくれたんです。そして、お医者さんを呼んで……」

駆け付けた医者にも手の施しようがなく、ひと言も交わすことなく、津貴子はその場にいるしかなかった。

『なぜなの、なぜなの？　あまりに理不尽な別れじゃないの？』

しかし、津貴子には涙を流す時間もないくらい目まぐるしい日が、翌日から待ち受け

ドッグショーにて、右が記代子

ていた。母が倒れたのは日曜日——週明けから母が心骨を注いで築き上げてきた学校、『服部栄養専門学校』の運営があったからである。

「ワンちゃんのお世話をはじめ、『動物をそんなに飼っていたのなら、余裕があったのではないか』と思われるかもしれませんが、それも忙しい日々の母の生きがいというか……睡眠を削ってでも趣味の時間に充てておりまして、母は、とにかく、フル回転で仕事をしていて、とても忙しい人でした……」

父、服部道政が『東京高等栄養学校』を設立したのが１９３９年。

日本を代表する栄養士、調理師の専門学校として、現在も、尚一線で活躍する多くの人材を輩出し続ける『服部栄養専門学校』の前身である。

『料理の鉄人』というテレビ番組をはじめ、様々な料理番組の解説でお茶の間にもなじみ深い、現校長の服部幸應は、津貴子の兄であり、二人は母が倒れた日から、手を携えて、学校を運営してきたのであった。

幸應32歳、津貴子29歳——母記代子が亡くなってすぐ、それぞれ校長、会長となり、人には見えないところで歯を食いしばって、己の職務を全うしてきた。今でこそ、20代、30代の社長も珍しくはなくなったが、当時は『若造が、先頭に立つなんて、なんだ』という風潮が蔓延していた時代だった。それまで、父や母が絶大な信頼を置いていたはずの人物、父や母に近かった人物たちが、母の死を隔てて、手の平を返したように、権力を求める姿、権力にすがる姿を否が応でも目にすることにもなったし、お金によって、人が変わるという場面にも遭遇した。学校外、当時の料理界でも若さ故に、肩身の狭い思いをする場面を幾度と経験してきた。その度に、もっと料理の知識を身に着け、実践を積んでいかないと、と自分を鼓舞してきた。

「この〝服部〟の学校は、〝料理で人を、世の中を幸せにする、幸せにできる人材を育む〟という父や母の思い、ポリシーを持ってここまで来ているんですよね。それが、オーナーが変わってしまえば、父や母が確固とした思いと渾身の力で、生涯をかけて守り抜いてきたものが、どうしても変わってしまうだろうということを考えると、何が何でも、服部のポリシー共々守り抜いていかないと、とね。校長も私もはっきり口に出さずとも、そういう思い、覚悟を持ってやってきて、母の死によって代替わりした当初は、不安もありましたが、途方もない忙しさの中で、〝服部〟のポリシーを持って料理界に巣立っていく学生さんたちの姿、活躍する姿に、校長も私も希望を感じていたんですね」

若いが故に、学内外問わず、厳しい環境にもさらされながら、〝服部〟のポリシーを理解した料理人を育てることに、一筋の光を見出していた服部兄妹。

厳しい環境を経験し、耐え忍び、静かに打ち勝ってきたからこそ、見えてくる景色があると、津貴子は振り返ってやっと思えるようになった。父道政と母記代子は、直接的には若い兄妹に学校経営、運営が何たるかを教えるには、時間が足りなかったかもしれない。が、〝父と母が残してくれた服部〟の精神を元に、津貴子は肝心なことを人生から学んできた。兄とて同じであろう。

そんな二人が生まれたのは、まだ服部家が中野に居を構えていた頃であった。前庭、中庭、裏庭、離れの庭とそれぞれの庭には、栗の木、柿の木、梅の木など様々な木が植えられ、季節の野菜などの菜園、犬舎、鶏小屋もあったという。日本の四季がぎゅっと

凝縮されたような佇まいの中、記代子が作ってくれたブランコは、殊の外、津貴子のお気に入りだった。

「栗の木の枝にロープを掛けて、板をくくって、ブランコを作ってくれたんですね。手先が器用な母ではあったんですけど、ちょっとした日曜大工のようなこともこなしていました。時には、書生さんたちといっしょに何か作っていました」

中野の家には、たくさんの書生さん、お手伝いさんが同居していた。

「とにかく人の出入りが多い家だったのです。忙しい毎日だったのに、動物を飼ったり、畑で野菜を作ったりして……今でこそ、様々なお野菜が一年中食べられるようになりましたが、その頃は四季ごとに食卓がはっきりと違っていて、旬のものには事欠かなかったですね。母は何にせよ、何か育てることが大好きで、犬は50匹近くいましたし、カナリアも100羽、鶏も何十羽もいました。おかげで、鶏卵にも困らなかったですよ」

もしかしたら、広いお屋敷に住む奥様然としたイメージを持つかもしれないが、50年以上も前のこと、戦後の焼け野原は大都会へと変貌を遂げていたが、まだまだ野草の茂る空き地もそこかしこと広がっている時代であった。

人の出入りが絶えず合って、大勢のお弟子さん達が住み込みで共に暮らしている家庭にあって、大切な子女をお預かりしているという責任を、記代子はかた時も忘れることはなかったようだ。

「あの時代のお嫁さんらしく従順で、祖母といる時の母は祖母に尽くしていましたし、父といる時は父に尽くし、母は苦労していたと思います。まだまだ、女性の社会進出という土壌もできていない時代に、父と一緒に仕事をしており、家には家で、たくさんの方たちが住み込みでいらっしゃるものですから、仕事を終えて学校から帰ってきますと、その方たちの食事を作ったり、お世話を焼いたりして、大忙しの生活を送っていました。そんな中でも、母は料理研究家としての道はしっかりと歩んでいたと思います。苦労をしながらも、仕事をしたい、という気持ちは強かったんです。母には母で夢があって、ものを作る、育てるのが好きで、学校を大きくして、学生さんたちを育て、服部の料理や教えを後世に残していきたいと考えていました。

自身もおいしいものが好きだったので、おいしいものの作り手を世の中にたくさん輩出し、料理で人を幸せにできればという思いもあったようです。父方の祖母は料理研究家で、母方の祖母は日本で初めて美容室を作った女性だったと聞いております。母も自然と、家庭内の役割だけでなく、本来のお世話好き、じっとしていられない、もの作りが好きという性格もあって、社会での自分の役割を考えたのではないでしょうか」

記代子の実母は『ミス九州』とまで言われ、遠くからも人が見に来るほどだったそうだ。この頃大正~昭和にかけて、女性たちも教育の機会を与えられ、社会進出を望める時代になったとは言え、まだまだ男性中心の社会であり、女性が外で働くことへの理解や環境も整っていなかった時代である。

記代子の母は、世代的には、それこそキャリアウーマンの草分け的存在で、もっと厳しかったに違いない。母たちの背中を見ながら自身の成長に伴い、記代子は何かしら影響を受け、内に強い意志を育んだのかもしれない。

「その時代に女性で仕事を一生懸命やっていたとなると、強い感じがするかも知れませんが、母は本当にとてもやさしい人だったんです。お友だちが家に遊びに来ると、『津貴子ちゃんのお母さんは怒らないいね、やさしいお母さんだね』とよく驚かれたものです。確かに私自身あまり怒られたという記憶はありません。ただ、試験の点数が極端に悪いとか、学校の成績が下がった時なんかは怒られましたね」

祖母 津多子

『やさしいお母さん、でもよその家と違う……』物心がついた時から感じていたことではあった。

記代子と幼少時の津貴子

家に帰ると、たくさんの人がいて、絶えず人の目がある、やすらいだり、くつろいだりするはずの家庭でも、〝母〟としてというよりは、〝公人としての母〟がそこにいた。

「お友だちのお家に遊びに行って、ご家族全員がテレビの前に集まって家族団欒のひと時を過ごしている様子を目にした時に、ああ、こんな生活もあるのだな、私の家とは違うなと新鮮な驚きがありました」

まだ子どもだった津貴子は、その違いをはっきりと言葉にすることはできなかった。

「今思えば、お友だちの家族団欒の姿はとても楽しげで、何の遠慮や気遣いも必要なく、のびのびとくつろいでいる家族の姿だったから驚いたんでしょう。ホームドラマの一場面のようなあの和やかさ、お互いを思いやるという気持ちさえもいらないほどに、自然体でくつろいでいる、子どもながらにうらやましいと思ったのを覚えています」

母が、仕事が終わるのが午後5時から6時、帰ってくるのが午後7時くらい。その頃は、祖母も病床におり、たくさんの人は家にいたが、津貴子は一人遊びをして過ごすことも多かったという。

お友だちの家で見た光景が忘れられず、『あんな風に、甘えてみたい……』津貴子はふとそんな事を考えていたという。

とはいっても、決して自分の家庭や、母のあり方が嫌だったわけではない。

多くの人々に囲まれて、凛とした母の姿を見る時、それは津貴子にとって大きな誇りでもあったのだ。

「新宿の『東京高等栄養学校』があったところから、今の代々木に移ったのが、1955年でした」

父、道政が独立して『服部栄養専門学校』を開設した年である。

それに伴い、住居も中野から原宿に移すこととなった。

この時には、すでに祖母はなく、父、母、兄、津貴子の四人暮らしであった。

『だいじょうぶ、だいじょうぶよ』と自分に言い聞かせて

石倉悠吉×服部津貴子　対談

※敬称略

保存料、着色料や化学調味料を使用せず、こだわりの味を提供する老舗洋食店『つばめグリル』。運営会社の『株式会社つばめ』代表取締役会長・石倉悠吉氏は「自分の経験に嘘をつかない」をモットーに正直経営を実践している。学生時代から、服部学園を訪れていた石倉氏と、学園の思い出話から会社・学校経営までざっくばらんなトークを展開。

石倉悠吉
（いしくらゆうきち）

株式会社つばめ（洋食レストラン『つばめグリル』を運営）代表取締役会長

東京都出身　1943年生まれ
1966年慶應義塾大学卒。1966年、大学卒業と同時に飲食業界入りし、祖父が1930年に創業し、当時銀座にあった『つばめグリル』を父から継ぐ。1967年銀座店を新装開店。1982年社長就任。正直経営を指針にロングリピーターを生み出す老舗となる。2021年現在『つばめグリル』、『つばめや』、『つばめDELI』など23店舗を展開。

――バラックのような建物と大きなビルを買って

服部津貴子（以下津貴子）　本を出すに当たり、母を知る人に話を聞こうと思ったんですけど、今となっては大変なんですよ。亡くなったのが39年前でしょ。

石倉悠吉（以下石倉）　39年前というと、東京會館のパーティーの時ですか。

津貴子　母が厚生労働大臣賞を頂いた時の受賞祝いだったかと思います。その後にね、すぐ亡くなってしまい……52歳だったんですよ。まだまだこれからという時でしたから……『服部栄養専門学校』の本館は母が建てたんです。そのローンが終わってすぐでした。

石倉　立派な校舎でしたね。

津貴子　父の代の時、代々木は木造校舎で、古くなったので、父が亡くなった後、代々木の校舎を立て替えるので、駅の向こうに校舎を建てたんです。バラックのような建物と大きなビルを買い、一か所に集結するので、ここを作って移り……苦労したんですよ。

石倉　お父様も急にお亡くなりになったでしょ？

津貴子　そうなんです、父か生きていた時の母は、父の陰で、父をサポートし、副校長をしていました。父が亡くなったのが昭和40年の暮れです。

石倉　僕が『服部栄養専門学校』に、初めて伺ったのが昭和40年だったから。

津貴子　では母が校長になる前ですね。

津貴子　石倉社長は、父と母の間の時期に、この学園に関わり、卒業生の若い方たちが随分とお世話になりました。20代という若さで、新橋にあったおじいさまの洋食屋さんを、お父様の後に継がれて……『つばめグリル』の〝つばめ〟という店の名前の由来は、確か新橋から〝つばめ〟という特急電車が出ていたからでしたね？

石倉　実はね、〝特急つばめ〟というのができた時、新橋駅に停まるかと思ったら停まらなかったのね（笑）。それで、祖父が〝特急つばめ〟を新橋駅に停める運動をやったその旗頭だったので、自分の店を〝つばめ〟という名前にしたんですね。

――お母さまがピッとしていらしたのは

津貴子　石倉社長との付き合いも母の時から今日までですから、けっこう長いですよね。

石倉　最初に会ったのは、僕が大学を卒業するかしないかぐらいの時でしたね。大学は幽霊学生で、行っていなかったですよ（笑）。僕の場合は、家業とは関係なく、サラリーマンになるのか、家業を継ぐのかも含め、進路選択は、はっきりとは定まっていなかった。結局、家業がうまくいってなかったら食べられないというので、家業を本格的に継ぐということになり、人材が必要だと。当時『服部栄養専門学校』で講師をされていた方が、昔うちで働いていてくれていたコックさんで、その方に紹介をしてもらって、「これからは、料理学校からの人材は確実性がある」ということで、学校にうかがったんです。

津貴子 昔のレストランは、キャリアのある人を業界から採るっていう形だったんですけど、今は調理師の資格を取った人を学校から採るという傾向になっているんですね。

石倉 初めてこちらに伺った時、初回にお会いしたのはお父様、二回目からはお母さまで、緊張感があって。お母さまはいつ見ても、背筋がシャキンとしている方でしたよ。こちらは若造なので、僕には畏れ多かったです（笑）。

津貴子 私は母の後を継いで、料理研究会など、いろんなことをやっていますが、いろんな方たちとの母とのふれあいを紐解いていって、それを通じて母のことを、他の方にも知ってもらいたいと思っています。

石倉 学生時代に学校の経営者の息子が何人か知り合いにいて、「お前んところいいな」、「こういうことが大変なんだよ」とかいろんな話を聞いてね。そんな話と重ねて考えてみると、お母さまがピッとしていらしたのは、やはり重責なんだろうな、と。そういえば、ある時、あなたが出ていらした時があってね。

津貴子 母のお手伝いはしていましたよ、広報室というところで。

石倉　「娘が来ていますから」とお母さまがすごく嬉しそうにね、雰囲気が全然違うの（笑）。その時に、「ああ、先生はいつも礼儀正しくやっていらっしゃるんだけど、それは気を張っていらっしゃるんだな」っていうのが垣間見えた瞬間だったんですね。

津貴子　仕事の顔とプライベートの顔というのは全然違いますよね。仕事っていうのは、神経を遣って、責任、義務を背負ってやっているけれど、プライベート、〝ファミリー〟ということになると、やっぱりちょっとリラックスするんじゃないですかね。母は校長室にいて、そこに秘書室というのがあって、その反対隣、奥側に企画室があって、テレビとか宣伝とか、マスコミ、対外的な、ＰＲツールを作る部署があったのですよ。そこに、「ちょっと手伝いにいらっしゃい」ということで、行っていたのですね。

石倉　よく校長室には行っていたけれど、お会いしたのは二回ぐらいかな。

津貴子　部屋が奥だったですし。仕事をしている時は、母は厳しい顔をしていたかなと思います。私も、仕事場では、やっぱり責任がありますので、厳しい顔をしているみたいです。例えば、学校見学でお客様もたくさんいらっしゃいますが、私が対応すると、その怖いおばさんが出て来たなと思うらしいんですよ（笑）。外国の方も。ところが、その後一緒にお食事に行くと、「別人が来たかと思った」んて言われるんです（笑）。

石倉　お母さまと学園でお会いする時っていうのは、机があって、その向こうに先生が座っていらっしゃって、そこからスッと立ってご挨拶なさるんですよね。最後の方は、二言三言お話をした覚えもあるけど、何を話したのか、緊張からか覚えていないなぁ。

――ぶれないというのは、きっと母の教え

石倉 津貴子さんとは、長いお付き合いで、性格とか、お料理に対する仕事の姿勢とかは、お母さまに似ていらっしゃるのかな、と思いますが。

津貴子 そうかもしれません。でも、性格は父に似ていると言われることが多かったんですよ。本来男っぽいんですよね、私。全国のお料理学校の総会というのが年一度開催されて、何百人という関係者が一堂に会するんです。その時に、「津貴子先生はお母さまに段々と似てきて」と皆さんおっしゃるんです。やっぱり遺伝子を受け継いでいるから、いろんなところが似てくるのね、なんて思っています。体質についてもそうです。

石倉 先生は女性だけれども、視野が広いというか大局的にみているというか、ポイントをつかんで、物事を見ているよね。

津貴子 そうかしら、ありがとう（笑）。

石倉 上に立つ素質があるんでしょう、僕はそう思いますよ。僕と先生の仕事は違うよ

うに見えて、料理という意味では共通点のある道ですが、お互いに大変な部分がわかるような気がします。学校法人の大変さというのはね、我々のように全部が割り切れる話ではないと思うんですね。教育の場という意味での人間関係の部分も大変でしょうし。

津貴子　やっぱりやってみて教育というのは大変なんですよね。もちろんどの業種、業界も大変さはあると思うんですが。教育というのはお金では解決できない問題というのが、たくさんあるんですよ、いろんな意味で。

石倉　株式会社というのは企画に応じて、それぞれの社員が中心になって担当制でやりますから、極端に言えば、根回しの必要はないんですよ。ついてくるかこないかは別にしてね。ですが、先生方というのは、そこにも気を遣わなければいけないだろうしね。

津貴子　学生を指導する先生方への対応はすごく大切でしょ。それから、今度は学生への対応も大切ですよね。同時に教育する側と教育される側を見なければいけません。そういう大変さですね。学校経営は学生たちへの教育と教師である教育者の教育が大切なんです。きちんとした教育をしてもらうために、若い教育者も育てなければいけないし、まっさらな学生さんたちも育てなければならないんです。私は、先生たちを育てるということに苦労しましたよ。すでにプロフェッショナルな方々ですしね。

石倉　先生は、何があっても、芯の部分があって、ぶれないという印象です。ぶれない視線でもって、新しいものをきちんと見ているからね。

津貴子　ぶれないというのは、きっと母の教えですよ。母があしなさい、こうしなさいというのを、ある意味そのまま踏襲しています。コツコツとね。でもコツコツは石倉さんの方もそうですよね。コツコツ努力なさって、今やお店も数十店舗とありますから。

石倉　いえいえ、では、お互いということで（笑）。

――お互いの苦労をプラスに転じる

津貴子　『つばめグリル』で『服部栄養専門学校』の卒業生を採用する場合、どういう方に来てほしいと思われるんでしょう？

石倉　うちのスタッフをよく見ていると、おいしいものを作るのは、天賦の才があって、素晴らしい人材もいますが、最終的には、めげずに何回でもやる方が、いいものを作ることができるなあと。素材や他の条件も違う中で一回一回同じようにはできないものね。

津貴子　チェーン店だと、同じ味が求められることもあると思うんですが、それでも一つ一つ違いがあるんですよね？

石倉　僕が思う範囲内で塩辛いとか、塩辛くないとか幅がありますよね。その中に納まるものを自分で作ってくれればいい、そこから先はその人なりにしていくということで。

津貴子　やっぱり継続は力なりということですよね。塩辛い、塩辛くないも、ギリギリの範囲があるんですよ。ギリギリの範囲で何とか回っていくという……。

石倉　そのギリギリという感じをわかりやすく、なかなか伝えられないんだよね（笑）。

津貴子　〝つばめ〟さんのすごいところは、店舗がどんどん増えていって、質を保っているというところ。だって一軒二軒を増やすのが大変なのに……社長にも、うちの卒業生たちがすごくお世話になっているし、40年もお付き合いさせて頂いているから、何らかの形でお互いの苦労をプラスに転じるというか、いいものにしたいなと思いますよ。

――「あなたが会長なの？」という感じはよくあって

石倉　先生、卒業式や入学式でスピーチをなさるでしょ。来賓としてお聞きしてて、とてもまとまったお話をされるなと思って、感銘を受けながら見ています。いつもきっちりまとめているような感じがしますよ。時代と共に、何か変えたりされてます？

津貴子　なるべくその時の時流に合ったものをお話しするようにしています。

石倉　その辺に転がっているような、紋切り型のお話は絶対されないのがすごいですよ。

津貴子 私の場合、父の教えもありますが、母の教えが、自分の中にすごく根付いているんです。母はとにかくやさしくて、父は厳しかった。父が、服部学園の土台を作って、母と一緒に礎を築いたということで、私が今こうしていられるのも両親のお陰です。両親が亡くなってしまったから、一層ありがたみがわかるのではないかとずっと思っているんです。『親孝行、したい時に親はなし』というでしょ、本当にそう思っています。

石倉 あまりに突然でしたでしょうね。

津貴子 父が亡くなったのが、私が17歳の時で、29歳で母が亡くなって、後はほっぽり出されたわけですよ。校長の服部幸應と私と、二人ね。まだまだ両親の代の人たちも、たくさんいらして、「なんだ、何もできない癖に」っていうことも、思われるかもしれないでしょ。知ったかぶりをするつもりはないんですが、何も知らないっていうと、「この人先生なのに知らないの？」となるじゃないですか？ 料理関係の大御所の方とかと、いっしょにいろいろさせて頂かないといけないこともあって……そういうところに入っていくと、「若造が生意気に」となることもありますよ。学園内外問わず、そういう点に私は敏感になって、精神的に当時はとてもきつかったですよ。今は若い時みたいなことはなくなりましたけど、いじめられているように感じている時期もあったんですよ。

石倉 大変な時期もあって、乗り越えたんですね。

津貴子　「こんな若造が」っていうのは、どこに行っても雰囲気的にあって……「え？あなたが会長なの？」っていう感じはたくさんありました。威張る必要もないし、本当に未熟だったので、相手の言うことを鵜呑みすることもあって……

石倉　若いとね、年長者、先輩方を立てなきゃいけないし。

津貴子　そうなんです。ですから、心の中ではね、「親が死んでしまったのだから、辛い目にあっても、自分が勉強になったことはたくさんあるし、仕方ないな……」と。そういう時、母がいつも私に言ってくれた『だいじょうぶ、だいじょうぶよ』って自分に言い聞かせて……学生さんたちにも事あるごとに言うんですけど、「若い時は絶対苦労した方がいい」って。月並みな言葉だとは思うんですが、自分の経験から苦労して得たものがあれば苦労が活きるというか。本当に人知れず苦労したんです！　兄と二人揃って苦労しました。今になって思えば、とてもいい経験をしたと思います。

石倉　お母さまも、お父さまが早くに亡くなられて、ご苦労があったでしょうね。

津貴子　それはありました。母はたくさん趣味もあって、日本舞踊をやっていて、父の生前から女性としてのたしなみをたくさん抱えていたんですよ。自分の趣味のことをやって帰宅すると、あったことを私には、よく話してくれました。けっこうね、ジェラシーを持たれていたということもあったみたいなんですね、母は。

――何でも墓前に報告に行った時期も

石倉 お母さまは重責にある立場でも、津貴子さんを、長期間外国にお出しになったりして、手元から離すのがすごいね。

津貴子 母はね、最初は嫌がったんですよ。さみしかったんでしょうね。母は私が広報室にいる時でも、身内がいることに、とても安堵していたみたい。秘書の方はたくさんいて、いろいろやって下さるにも関わらずね。父が、「これからの時代は世界的な視点が必要だ、世界的なレベルで物事を考えなくてはいけない」とずっと言っていましたから。母も、頭では十分わかっていて送り出してくれました。私も、元気に旅出しました し、行ってよかったですよ。フランスとかスイスの学校に、トータルで二年くらいかな。

石倉 時々は日本に帰って来たの？

津貴子 ううん、全然帰らず。学校のカリキュラムがとにかく詰まっていて、スイスとフランスの学校を行き来して、ある程度の予定を決めてそれが終わってから帰って来たの。「もう少しいようかな」、と思った時に、母が「帰ってきなさい」と絶妙のタイミングでね。その時帰国しなかったら、長くいて、国際結婚していたかも、なんて（笑）。母がさみしいというのではなく、服部学園が人材不足だったからもあったみたいで。母が亡くなるまで一緒にいられましたし、いろいろ勉強にもなりました。タイミングってあるのね。

石倉　海外での経験も大事ですよね、昔の外国は、皆が行けるというわけでもなく、輝いていたもんね、どこへ行ってもね、驚きがすごくて。

津貴子　パリは本当に素敵でしたね。今から50年前に行ったんですけど。凱旋門の前に立って、「こんなに素敵なところがあるのか」と思いましたよ。今のパリは当時の面影はないですけど。後、母とのヨーロッパ旅行の思い出は、母が美人ということで、私と母にたくさん人が付いてきて、母の美しさは万国共通なんだと思いましたよ。

石倉　お母さまは和服がとても似合っていましたね。やはりよく思い出されますか？

津貴子　片時も忘れることはないです。両親のお墓詣りは、欠かさず、今でもひと月に一度くらい行っています。当初はさみしくないようにというのと、母に、つらいこと、悲しいこと、何でも墓前に報告に行っていたんです。子どもも小さい時から連れて行って、孫にもお墓にはお参りしなさいと言っています。お墓は筑波にあるのですが、緑が多く、梅雨の時期に行くと、森みたいになってしまうのでよく手入れをしています。

石倉　遠いのにね。忙しいでしょうし、お父さまもお母さまも喜んでいるでしょうね。

『私の時間』2013年対談を再構成したもの

2章　記代子と津貴子

――二人の生活への終止符――

「雲を真下に見るなんて……」

それは、遥か上空から見る雲海であった。

眼下には白く輝く世界が広がっている。

「どこまでも白く、バージンスノーか、綿菓子を敷き詰めたような」

津貴子は、フランクフルトに向かう飛行機に乗っていた。

十七歳、初めての海外旅行――。母との二人旅。

もちろん飛行機に乗ったことがなかったわけではない。今までだって、雲を真下に見たことはある。国内での移動では飛行機を利用しているし、スキー場の頂きに立ち、雲が湧き上がってくるのを見渡したこともあった。それでも、日本の上空を超えて、外に出たことはなかった。

アラスカを飛び立てば、やがてシベリア上空へと差し掛かる。地下に永久凍土が広がる荒涼の地。ツンドラ地帯は延々と続き、いつ果てるかもわからない様相を呈している。海原のように広がる雲は、大地の小ささをも強調するかのようである。

「当時はアンカレッジ経由で、一旦降りました」

現在では、ヨーロッパへは直行便も出ているが、かつては、途中給油のため、アメリカ合衆国アラスカ州のアンカレッジ経由が主流であった。

父、道政はこの旅路の一年程前に、この世を去っていた。

父亡き後、母記代子が40歳の時、『服部栄養専門学校』の校長に就任した。

兄幸應は20歳で大学生、津貴子は17歳で高校生だったが、兄妹で、できることを分け合い、母を支えて行こうと話し合ったのは、ごく自然の成り行きだった。

もちろん、学生という身であれば、毎日通勤することはできない。

「母は、『自分の仕事を一緒にやってほしい』と言いましたが、一方、学生時代の勉強についても、ものすごく大切だと考えていた人でしたから」

父が亡くなって、重責を担い、信頼できる身内に仕事を手伝ってほしいという気持ちを抑えつつ、子どもたちに必要な教育を受けさせたい、という公私の心の〝ゆらぎ〟のようなものが、兄妹共に、感じるところもあったようだ。

津貴子は週に一、二回、新宿の『服部栄養専門学校』の広報室に通い、自宅でも母をサポートした。まるで私設秘書のような仕事であったが、今までは、傍らでなんとなく見ていた、母の仕事、料理の仕事、学校経営の仕事という、異次元の世界に一歩踏み込んだのだった。

そして17歳の夏、母は津貴子をヨーロッパへの旅に伴ったのだった。

「あなたも栄養士になるつもりなら、勉強になるから一緒にいらっしゃい」

その前年に父道政が亡くなり、それまでは父と母で出ていた学会であるが、津貴子の見聞を広めるためにも一石二鳥と考えていたようである。

今のように海外は気軽に旅行できるものではなく、たまに父親の海外勤務に伴って留学していたという友人はいたが、海外旅行などは一般的でない時代であった。

大きなアメ車で、学生たちがパーティーに集ったり、ヨーロッパの石畳の中、手をつないで歩いたりする恋人同士を、アメリカ映画、フランス映画などで知っても、戦後、まだこれからという当時の日本では、遠い話であった。

「もちろん母は外国に行くのは初めてではなかったですが、私にとっては、飛行機に乗るところから、緊張と新鮮で……10代ですし、この時の旅行はとても思い出深くて……50年以上も前のことです……」

特別な意味を持った旅。

「ドイツのフランクフルトで『栄養学会』がありまして、日本からも10名程度、日本の栄養学会から声をかけて頂いて、希望する料理研究家、栄養学の先生たちが参加したのです。母も招待された一人で、私を連れて行ったのです」

様々な国の人々が一堂に介しての会議は、17歳の津貴子にとっては、目を見張るものばかりであった。

それまでの津貴子には、料理は、どこの家庭でも作るし、栄養学といっても、どこか日常の延長に思えてもいた。ところが、フランクフルトでの『栄養学会』に参加してみて、栄養学というものには確立された学説があり、人の生命ばかりではなく、精神的なものも微妙に絡み合う、人間にとっては根源的な問題なのだと、10代の津貴子の胸に響くものがあった。

母、記代子の秘書役として参加してみて、教室で栄養学を学ぶ、何倍、何十倍もの刺激を授かったのであった。

夜には盛大なパーティーが催された。

今となっては、パーティーやレセプションといったものも、そこかしこで開催されているが、50年程前の日本には、そういったものが根付いてはいなかった時代である。ヨーロッパの上流社会での社交界デビューなどといった記事が、雑誌に載ってはいたが、津貴子にとっては、まさに社交界と等しく、栄養料理界デビューであった。

その栄養料理界に参加し、まさに渦中にいるということに、津貴子は晴れがましさに胸が高鳴った。

「日本から参加した女性は確か４人で、日本を発つ前に、『着物を持っていきましょう』と、打ち合わせをしていたのです。それが、大人気で、日本人がヨーロッパにまだあまり訪れていない時代でしたので、珍しがられたんですよ」

津貴子は着物がよく似合っていると言われた。色白で、ストレートの黒髪に、少し派手めの中振袖を着ており、津貴子の着物姿は、外国人たちから『so beautiful』、『That's wonderful』、『You look like a real princess』などと、特に人気を集めた。

「母は、美しかったので、現地でも、すごくモテるんです。とても若くて、それで『母が25歳で、私が20歳』だなんて言われたり、『姉妹か』って聞かれたりして。私は17歳だったのに（笑）』

当時を思い出すと、自然に笑みがこぼれる。

「母と二人でパーティー会場を歩いていると、『ＯＨ！　ゲイシャ・ガール』って声がかかって……その時はムキになって、『ゲイシャじゃありません！』と言っていたんですけど、外国人から見たら、着物を着た女性は、当時みんな芸者さんなんだって。『ゲイシャ・ガール、フジヤマ』とか言われて、きっと富士山も当時は欧米なんかでは有名で、美しい富士山に憧れるように、着物にも憧憬、というか、日本文化の神秘性も伴っていて、褒め言葉だったんですね」

ちょうど、日本が経済的に飛躍的な発展を遂げる、高度成長期ではあったが、海外との往来が盛んであったかというと、一般的にはそうでもない時代、地図上の表記で『極東の国』と言われた島国日本は、独自の文化を貫く神秘的な国と思われていた。

当時の、映画やテレビ番組を通して伝えられる日本のイメージは、『ゲイシャ』、『フジヤマ』、『ハラキリ』、『スシ』など、至ってステレオタイプ化されたものであった。

そんな中、世界各国から300人近くの栄養の専門家が、こぞってドイツの学会に参加したということが、先駆的だったのである。

『栄養学会』が終わると、記代子は一行と別れて、津貴子と二人、ヨーロッパ各国を旅してまわった。津貴子の夏休みを利用しての、母と娘の二人旅だった。

「学会のあったドイツからイタリアへ行き、フランスに入り、次にデンマークとめまぐるしい旅でした」

溢れんばかりの刺激を受けたあの旅が甦ってくる。

ドイツでの食事は、パーティーのビュッフェを除いては、アイスバイン、ソーセージ、ポテト料理など、塩味中心で、日本とは違ったコールドミールが一般的なのだ。

「ドイツでは、今はご存じの方も多いと思うのですが、伝統的には温かい食事は一日一回、昼食に摂られるんですね。夕食は軽くて、温かい料理はランチで、ほとんどの方が外で摂られるものです。ご自宅で火を使う機会が少ないそうで、朝はパンとハム、ランチが一日のうちで一番大事で、火を使って調理した、お肉やシュニッツェルなんかを召し上がるのね」

イタリアでは、カルチャーショックもあった。

「とにかく、オープンなことに驚きました。ローマで、フルーツの屋台がいっぱいあって、そこを母と二人で歩いていくと、屋台のお兄さん、おじさんたちが話しかけてきて、あれもこれもあげる、と。日本人の男性って、気持ちを言葉で表すことってあまりしないでしょ」

フランスでは、三つ星レストラン『マキシム』、『ポールボキューズ』などに、予約を入れ、一流のサービスと料理に触れた。

幼い頃より、家の内外で、テーブルマナーについて学んできた津貴子だけに、フランス料理の本場での食事を心から楽しんだ。傍らでは、やさしい笑みで、少し誇らしげに津貴子を見守る母であったが、対して、異国の地においてでも、スマートな母の振る舞いに、羨望の眼差しを向ける津貴子がいた。

様々なタイプのレストランに足を運び、ドレスコードが何たるかも、母の姿を通し、実体験を通して理解を深めた。

デンマークでは、お肉料理にじゃがいもを付け合わせたスタイルが定番の、素朴な田舎料理を味わい、農民料理にルーツがあること、新鮮な乳製品のバリエーションがある、酪農国家であることを知った。

「旅を通して、料理に携わる人間として、学会で様々な国から集結した専門家の食に関する学説を聞いたことは、もちろん勉強になったのですが、それとは別の気づきもありました。この時の母とのヨーロッパ周遊によって、料理のことは料理から学べるのは当たり前なんですが、それ以外の要素も関係してくるというのが感覚的にわかりました。その後、海外に行くにつれ、料理と芸術や、習慣、歴史、国民性など様々なものが関係してくるというのもわかりました。また、私自身が、国籍、文化、多様性を早くから当たり前のことと捉える基礎にもなりました」

母記代子も美しいもの、日本と違うもの、知らないものに感動し、現地のガイドを質問攻めにすることも多々あり、食についてはもちろんであるが、他国の文化、習慣などに対しての好奇心が旺盛な人であった。

そんな母を目の当たりにしながら、津貴子も旅を通して、いろいろな国の食に触れると共に、美しい建物を見て、美術館に足を運び、その国の歴史や文化、人々を知ることが、すべて自分のこれから進む料理の道につながっている――レシピを考える時、盛り付けをしている時、相手をもてなそうと料理を作る時、公私に渡り、糧となっていることを感じる瞬間に幾度も遭遇した。

そういう意味でも、母が勧めてくれた、この最初の異国への旅は、とても意義深いものとなった。

「きちんと書き留めていたわけではないですが……17歳の私には刺激が強くて、時間を経てもよく覚えています」

この母娘での、ヨーロッパ旅行の数年後、津貴子はフランス留学をすることになる。この旅では、それぞれの国にはそれぞれの文化があり、特に食事というものが国によって、地域によってまるで違った背景、歴史、文化によって成り立っているのだということを肌で感じることとなった。

「民族によって、料理はまったく違います。ドイツはゲルマン民族、フランス、イタリア、スペイン、ポルトガルはラテン民族、イギリスはアングロ・サクソンで、料理は、あまり発展していない国なんですよね。ラテン系の人たちは、朝ごはんがものすごく軽めで、フランスはカフェオレとクロワッサンぐらいで、スペインもチュロスという揚げ菓子と、コーヒーでほとんどおしまい。ドイツでは、朝は火を使わないものを食べます。ハムとかソーセージといったものを食べるんです。ホテルでは、ドイツは朝食が充実していますね。普段のお料理は、ベースにじゃがいもが多くて、よほど高級店に行かないと、ドイツ料理は評価が高くありません。本当にヨーロッパと言っても、それぞれで、料理は代々受け継がれていった民族の遺伝子と深く関わっているのでしょう」

母、記代子が用意してくれた、異文化に触れる旅は、津貴子の将来を思い、学び吸収するおもしろさ、何事にも必要な好奇心、探究心の種を蒔いてくれることとなった。

この時に見たヨーロッパは、海外旅行が一般的になった1980年代、90年代とはかなり違ったものだったようである。

「パリはね、今よりも、もっともっと美しかったですよ」

格式、通り、雰囲気……様々な美しさが交差する街がパリであった。

ドレスコードなどは、一般的には日本人にはあまり馴染みがなかった。冠婚葬祭やフォーマルなどには、たしかに決まりがあるが、たとえば食事に行く場所、集う人等で明確な決まりがあったわけではない。

しかし、ヨーロッパでは明確な決まりごとが存在した。

上：スペインの闘牛場にて　下：オランダの草原にて

おしゃれをして、母と高級レストランのカーペットを踏みしめる時、津貴子は自分が映画のワンシーンの登場人物にでもなったような高揚感を覚えた。しかし、一方では、落ち着かなさも感じていた。底知れない違和感、日本の上下関係の曖昧な自由さに慣れていたからかもしれない。

それは、今思えば、記代子が娘に、世界にはまだ見たことのない、違った文化、違った慣習などが多々あることを、開示して見せてくれていたのかもしれなかった。

東ドイツの鉄条網の前で

この旅行では、他にも印象的なことがあった。東西の壁を越え、東ドイツに入ることができたことである。

「鉄条網で閉鎖されていた時に、母と私はドイツの東側に入ることができたんです。外国人は入れてくれたんですね。案内して頂いて、私たち日本人がバスで乗り付けていくと、びっくりするくらいの大勢の人たちに『ワーッ』って囲まれました。きっと珍しかったんでしょう。車から降りたスターに集まるみたいな、そんな感じでした。当時8ミリカメラが流行っていて持っていったんですけど、あちこち撮影していたら、『どこのカメラですか?』となって、質問攻めにあったことも」

ドイツのカメラ、特にレンズは、優れた品質で定評があり、世界的にも有名だった時代である。ライカは日本でも高価な機材だった。だが、日本の技術も戦後目覚ましい進歩を遂げて、世界的に注目されはじめた時代を迎えていたのである。

「日本は日本で勢いもあって、進んでいる部分もあったから、興味があったんでしょうね、でもね……暗かったんですよ、東ドイツに入った時。西側は明るいんですよ、近代的で。東に入った途端に白黒写真みたいになっちゃって……不思議でしたね、あれは。思い出もカラーではなくて、東ドイツだけは白黒の思い出でした」

その後、1961年から存在したドイツ東西を隔てていたベルリンの壁は1981年

11月に崩壊した。

「本当にあっという間に崩壊して、何だったのかしらと……あの時の訪問で感じた、モノクロ感、圧迫感を伴う凝縮された暗さとは、どういうことだったのかと思います」

母娘の二人旅は、世界を見る、感じる、考えることの貴重さを教えてくれた旅となった。

父、母、祖父母、書生さん、お手伝いさんなど、かつては中野にて大所帯で暮らしていたが、原宿の家は記代子と津貴子の二人だけの生活になっていた。

父は亡くなり、兄は独立していた。

住み込みの書生さんたちもいなくなり、かつては同郷の人々の子弟を預かっていたが、時代も変わっていたのであった。

「母と二人……」

それは、津貴子にとって、幼い時から夢見ていた生活でもあった。いつもどこかで他人の目を気にしなければならない生活から、解放された気分も味わった気もする。

もちろん、多くの門下生を率いる『服部栄養専門学校』の校長である母は忙しく、二人で向かい合って摂る夕食は週に一度か二度あるかないか。父道政が校長だった時には、記代子は自分が表に発つことは極力避けていたようだったが、父が亡くなった後は、好むと好まざるとも『服部栄養専門学校』の代表としての務めがあった。

そんな多忙を極める中でも、家の中は母の香りで溢れていた気がする。

津貴子の友人たちが訪れた時には、母が腕を振るって、料理を作ってくれることも少なくなかった。

ローマのカラカラ浴場にて

休暇を取って、国内外へ旅行したこともある。そんな時は、やはり姉妹のよう、普通の母娘のように、女同士のおしゃべりをしながら、買い物をしたりした。

津貴子は、『文化学園』に通いながら、秘書室にも通い、少しずつ仕事を覚えていった。そして、栄養士の資格を取得した。

「津貴子さんが秘書室に来ていると、校長はとても嬉しそうだった」

と、母と懇意にしていた知人が後に語ったことがあった。いつもの仕事の顔と違って、どこかほっとしたような顔だったという。

「母は、校長として、学校の各部門を統括し、学生の教育のために、先生の教育にも父と同様熱心で、そのためには自分が勉強しておかないと、栄養学、料理の勉強にも余念がなかったのですね。それだけでも忙しかったのですが……校長としては凛としていた部分もあったのですが、本来の人のよさもあり、お願いされると、断らないという面もあり、いろいろなお願いごと、相談ごとをする人がいて、頼られていました。そういう方たちの中で、稀にですが、借りたお金を返さないという方もいらしたようで、神経をすり減らすこともあったのではないでしょうか」

津貴子が母との生活が楽しかったように、記代子もまた、娘がそばにいてくれることに安心感を持っていたのだろう。言葉には出さないが、互いに支え合う母娘であった。

しかし、二人のある意味、安穏な生活は、二人暮らしをはじめてから3年後に終わりを告げる。津貴子が、フランスに留学することになったのだ。

「祖母が生きていた頃、うちにはとてもたくさんの方々が、同居していました。父と母

イタリア バチカン市国にて

のお弟子さんたちで、地方から出てきた若い人たちを住み込みで、面倒を見ていたんだと思います。書生さんたちに、お料理を教えていて、その姿を見ていましたから、料理の修行とはこういうものなんだ、と思うところがありました。私は栄養士の資格を取ったんですけど、当時は栄養計算が主な栄養士さんの職務だったんです。今でこそ、『料理もできて栄養計算ができる栄養士さん』というのはまったく珍しくはありませんが、その頃はそういった考え方も浸透していなくて、栄養バランスを考えて食事を作る栄養士が、これから求められるということで、フランスへ留学するということになったのです」

服部という家の一員として、『料理を繋いでいく』、という思いはむしろ自然なこととして受け入れていた。留学ということが目の前に迫った時、もう一度胸のうちに問い直していた。

『自分の好きなことをしていいのだよ』と言った父の言葉が甦る。

『女性は早く結婚して、子どもを産む』、という風潮が当然だった時代にも関わらず、父は、『型にはまらず、自分の好きなことをしてほしい』という想いを抱いていたようだ。

それでも、津貴子は、『やはり自分は食の道を歩んでいく……』と答えるのだろうと思っていた。

父の言葉を思い出せば、記代子の心も揺れていたのではなかったか。

記代子と津貴子は二卵性親子のようで、記代子は津貴子を頼りにし、女性は女性同士というのか、兄幸應は父と触れ合うことが多く、できればいつもそばに置きたがった。

打ち合わせたわけでもないのに、夕飯の買い物、お菓子、時にはスカーフやアクセサリーなどでさえ、別々に同じものを買ってくるということも多々あった。

ある時から、記代子が津貴子を、『ぜひ自分の跡継ぎに』、と考えているというのも周知のこととなった。

幸い、津貴子は、料理の道を当然のことと、自分の中で受け止め、従うというよりは、自然の流れとして考えていた。

「私も、小さい時からいろいろなものをお台所で作っていたのですよ。私が小学校から通った『文化学園』というのは、小学校時分でも、通常の義務教育と別に、調理実習の時間を一週間に一度必ず設けていて、学校でも包丁の使い方、煮る、焼く、炒めるなど、調理について学んで、私にとってとても楽しい授業でした。自宅でも、おさんじ（＝おやつ）のスイートポテトやクッキーなんかを見よう見まねで勘で作って、母に『ちとちゃ

ん、おいしいわね、よくできたわね』って褒められて、嬉しくなってまた作って、褒められてまた作るというのを繰り返していました」

『ちとちゃん』というのは、津貴子が幼い時に自分の名前を言うのに覚束なく、『ちと』と言っているように聞こえたことから、服部家では皆『ちとちゃん』と呼んでいた。

「もう、今はそういう風に呼ぶ人はいませんね。兄も私のことを『ちと』って呼んでいましたけど、いつのまにか『会長』と呼ぶようになり、私も兄を『校長』と長らく呼んでいて、今に至ります」

記代子の突然の死により、学校を切り盛りしていくことになった、20代後半で二歳の子を育てる津貴子――。

料理の道に自然と進み、結果的には、母の想いを継いで、周囲の変化、時代の変化、幾多の困難を経験、体感、乗り越えながら、会長としての職務を全うしてきた。

「やっぱり、私も、服部を継いだ時は、20代でしょ。『おっとりした若い娘に何ができるんだ』という目でも見られていて、時には露骨に表す方もいらっしゃいました。そういったつらい時、苦しい時、歯を食いしばって耐えるようなことが起こった時、学校のことで夜も眠れないようなことが起きた時、聞こえてくるんです。母の『だいじょうぶ、だいじょうぶよ』という声が。あの時も、母はそう言って私を送り出してくれました。

ただ……」

二卵性親子と言われ、小さい頃から父の死後は、取り分け津貴子を頼りにしていた記代子。

母娘の二人の生活は記代子も楽しかったに違いない。手元に置いておきたい気持ちを抑え、津貴子の将来、学校の将来、双方を考えて、娘を送り出す決心をしたのだった。

津貴子にも、環境、生活など様々な不安もあった。

『ちとちゃん、だいじょうぶ、だいじょうぶよ。思い切りやっていらっしゃいな』

子どもの頃から、事あるごとに『だいじょうぶ、だいじょうぶよ』と声をかけてくれた母。その言葉をは魔法のおまじないのように、数えきれないほど、津貴子を安心させてきた。

「……ただ、その時は、私に言っているようで、母が自分にも言っているように聞こえて……ですから、『身につけられるだけの、料理、語学、文化など、しっかり吸収して、日本に帰るんだ』、と思ったことを覚えています」

母から学んだいろいろなことが『母からの贈り物』

間野百合子×服部津貴子　対談

※敬称略

「家庭の健康は食から」をモットーに東京・吉祥寺にて、料理の楽しさ、大切さを広めてきた『マノ料理学園』創設者の故・間野百合子氏。母記代子、父道政の思い出、料理関係者から見た戦後の日本、今なお女性の抱える大きな問題である仕事と家庭、子育てなどについて、料理家として女性として、旧知の二人としての忌憚のない意見交換――。

間野百合子
（まのゆりこ）
マノ料理学園
（東京都武蔵野市）
元園長

東京都出身（1926年－2015年）陸軍経理学校軍栄養士として食の道をスタート。国や都の栄養の講師として各地で講演。1948年に吉祥寺で主催した料理教室を元に、1953年マノ料理学園を創立。テレビ、雑誌、新聞など料理講師として多方面で活躍。農林水産省事業・食と農の応援団講師、武蔵野商工会議所女性会会長を務めた。

――何ごとにも一生懸命だった母

服部津貴子（以下津貴子）　私ね、先生とお会いすると、いつもホッとします。私の父の代、母の代でいろいろと先生にはお世話になっていて、母は大正13年生まれなんです。

間野百合子（以下間野）　私は大正15年生まれで現在87歳なのよ。ですから、お母さまは生きていらしたら89歳かしらね。早いわね。あの頃、お父さまも軍人さんだったし。

津貴子　父の場合は軍隊のお食事を作るために呼ばれて行ったんです。今でいう、お給食ですね。軍人さんに頑張ってもらうには、おいしいお給食を作らなくてはいけない、ということで、献立を作って下さいと。

間野　戦後、お宅のお父さまも、お母さまも、皆相当頑張ったのよ。不満も言わずにね。

津貴子　先生が栄養士さんをされていた時代には、本当に食糧もなくてね。

間野　そうそう！　本当に何にもない時代。お米もなければお芋もなくて、買い出しに行かなければダメでね、その頃は、ホッケなんかは週に二回の配給なのでみんな二時間くらい並んで譲ってもらうんです。そんな時代もありましたね。敗戦後10年の間、新宿も銀座もめちゃくちゃでしたけれど、人の力というのはすごいもので、10年経つとだいぶん戻ってきましたね。もう20年経ったら普通になりましたよ。

津貴子　復興は今にして思えば早かったですね。アメリカに負けて、アメリカのものがたくさん入ってきて、給食のミルクも入ってきて、随分と日本の食生活が変わりました。

間野　あの頃の日本の男の人は、みな痩せていて。一方、アメリカ人はみな恰幅がよかったです。今は日本人も太ってきていて、困っていらっしゃる方も（笑）。私も含めて皆が、どうしたら日本が復興できるかと考えて、料理学校を始めたんですよ。食は命の源でしょ。服部さんは、お父さまもしっかりしていらして、お母さまもお元気だったわね。

津貴子　当時、戦争が終わってから日本が大変な時に、父も食糧難の中でいろいろと調達して、何かお料理を作って、皆さんに分配しなくてはいけない、そんな時代だったので、かなり苦労したようです。父はそんな状況でも、活き活きとして料理を研究していたと思うんですけど……先生が当時、服部の学校にいらした時の母の印象は覚えていらっしゃいますか？

間野　もちろん覚えております。一生懸命おやりになっていたこと、一生懸命お子さんを育てていらしたこと、それから集まりの時には、きちんとお出になっていらしてね……とてもすてきな総絞りを召されていたことを覚えています。とってもよくお似合いで、きれいでしたね。お幾つぐらいだったのかしら？

津貴子　母が亡くなったのが52歳の時なんです。昭和52年3月かと。

間野 本当にお早かったのね……。

――誠実に料理を教え、研究していた父と母

間野 お父さまには私が50歳くらいの時、いろいろなお集まりで、よくお会いしていましたねぇ。当時ね、急に世の中が華やいだ時代ですね。終戦が昭和20年だったから、そこから20年~30年経って、だいぶん世の中が上向いてきている時だったので、昭和28年から昭和50年くらいまで私もテレビ出演をしていたと思います。

津貴子 『きょうの料理』を筆頭に、いろんなお料理番組がありましたね。週に何回を毎週とか、コンスタントに出ていらしたんですよね。

間野 NHKとかいろいろね。その頃は週に二回くらい、テレビ局に行っていたわね。大変だったですよ。最初の頃は、化学調味料という呼び方さえ出てこなくて、本番中に『味の素』と言ってしまって、うちに帰って父に怒られてね（笑）。その頃、お父さまは、お母さまもご一緒に、熱心に誠実に、お料理教室をやっていらっしゃいましたね。

津貴子 当時はクジラの研究をしていたんですね。渋谷のお店の方がいらして、「何かおいしいメニューを教えて」ということで、父と母がいろいろとメニューを考えて、そ

れで出てきたのが〝くじら屋〟さんのメニューなんです。当時はクジラの漁も解禁されていて、他国の方々が残酷だとか言って、日本がクジラを食べることを反対していますけど、日本は島国で、たんぱく源と言ったら、魚やクジラだったんですよね。江戸時代以前からクジラを捕る船というのはあったわけですし、オーストラリアは牛がいるからビーフを食べていますよね。背景や文化を理解せず、クジラを食べることは残酷というのも、偏った見方ではないでしょうか。公平性に欠けるというか。

間野　そうですよね。クジラの尾羽とか、いろんな部分を戴きましたね。

津貴子　クジラのベーコンとか、お刺身とかね。

間野　随分早くからベーコンは出ていましたね、今はそれほどありませんけど。

津貴子　今はあるんですが、とても高額になりましたね。

――激動の時代にあきらめることも経験して

間野　私の場合は50歳からが人生でしたからね。

津貴子　本当に、母は早くに亡くなってしまって。

間野　きれいな奥さまでね……お父さまは美人がお好きだったんですよね。

津貴子　昔は亭主関白だとか、男性の方が偉い社会だったじゃないですか。今は変わってきましたけどね。ですから、母はきっと父の陰でね……

間野　そうですよ、良妻賢母でしたよ。

津貴子　昔は働いている女性が今ほどいなかったじゃないですか。だいたい結婚すると、家庭に永久就職みたいな。そのために、みなさん早く結婚をした時代だったかと。

間野　ここ20～30年の間、女性がものすごく社会進出をしましたね。ソ連、今のロシアに行ってね、女の人が運転手をしていたという話を、日本に帰ってきて話す方がいて、それはそれは、みんなで驚いたものですよ。今は、日本でも女の人だって、けっこう運転手さんをしたりしていますからね。もうこの20～30年の間に生まれた女の人は幸せよ、ちょうど適齢期になっている人たち。

間野　女性が表舞台に出る黎明期と共に、私は日本のそういった社会と一緒に人生を歩んできてしまって（笑）。華やかな時代には、華やかに騒いで、人生を歩んできました。辛いことも楽しいことも、それからあきらめることも経験して過ごしましたね。

津貴子　本当の激動の時代でしたからね。

間野　戦争になると、随分前の話になるけれど、一人前になるために、陸軍病院とか士官学校とか、いろいろインターンをしにいくの。士官学校に行くと、その頃はみな、塹壕に入っているのね、調理場の人たちは、おにぎりを一生懸命こしらえなきゃいけないのよ、それで、B―29がやってくるのよ、向こうから、そうすると、ちょうど朝霞にあったんですけど、爆弾を落とすのよ。爆弾が落ちるのが見えるの……あの頃、お献立を書いていていて、学生さんたちもみんな書いていましたよ。そしてね、野草をみんな一生懸命採って、調理場に運んできましたし、ごはんも普通のごはんではなくて、どういうわけか、韓国からでも来たのか、コーリャンが入っていて。

津貴子　私が母から聞いていたのは、お芋がたくさん入っていたとか。米の中にお芋ではなくて、お芋の中に米粒が入っていたって（笑）。ごはんは、贅沢品でしたものね。

間野　本当にね、今は考えられない若い方もいらっしゃるかもね。

津貴子　今考えれば、ヘルシーという点ではいいんでしょうけどね。当時としたら、みんな白いごはんが食べたいって思っていたでしょうね。

間野　そうね、昔の話をしても今の感覚では通用しないかもしれないけれど、それでも当時の人は、みんなそうやって生きてきたのよ。

津貴子　配給制でしたよね、そうすると、配給の分だけだと足りないから、闇市で食料を手に入れたりしていて、裁判官とか法律家の方で絶対ヤミはダメだということで、本当に支給されたものだけを食べていたら、餓死したという話も聞きました。

間野 栄養失調になってね。うちなんかも軍服を随分と売りましたよ。

津貴子 よく農家に着物を持って行ってお米に変えてもらったという話も聞きました。

間野 そうよ、ですから、農家にお嫁に行くっていうのも、食い扶持を確保する一つの方法で、うらやましい時もありましたよ。

津貴子 最近はまた、農業が注目されていますから、これから日本でもいろんな農作物を作っていこうという方に来ていますけど、若い人でも農業をするっていう人が増えていますし、一般の方も畑を買ったり借りたりして、きゅうりでも、とうもろこしでも、少しでも何かを作るっていう時代になってきましたね。

――子育ては社会全体で考えていくべき大仕事

間野 お母さまの亡くなられた歳、52歳ではもったいないけれども、昔は人生50年なんて言ったりしたものよ。これからは少子化だから、そこが問題ね。

津貴子 若い人たちは、自分から結婚しようという人が段々少なくなってきて……、子どもたちも子孫繁栄というのがなくなってしまって、それは日本の国にとっては、ダメージなんですよね。お子さんを産んで、ご主人だけのお給料ではなかなか育てられないから、共働きをしなくてはいけないという人が、たくさんいらっしゃるんですよ。なのに、子どもを預かってくれる施設というのが、まだそんなに充実していないんですよね。その反面、物心つくまでは、お母さんが育てた方がいいんじゃないかと私は思うんですね。そうなると、家計が圧迫されることになって大変ですよね。

間野　私はね、女の人は、家族の環境が働ける状態の人なら働いていいと思っているんですよ。子どもが学校に行く間とかだけを働くっていう制度が私はいいと思うのね。男と女ってね、女は子供を産んだり育てたりしながら働くってね、大変ですよね。

津貴子　理想的な子育ては本当に大変ですもの。

間野　絶対無理よ。ですから私は男の人にきちっと働いてもらいたいの。女の人は一つだけというわけにはいかないのよ。子どもがどうだとか、いろいろ考えながら合わせながらでしょ、仕事だけというわけにはいかないのね、だから違うのよ。

津貴子　女性が働いて子どもを育てて家庭を持つとね、女性の負担って、すごく大きいんですよ。

間野　その通り、大きいのよ。

津貴子　勤めながら、お母さんをやらなきゃいなりませんよね。料理のこともそうでしょ。掃除洗濯だって、女の人にかかってくるじゃないですか、普通。若い男性は、最近、フィフティフィフティで、持ち回りで、例えば、月水金は料理当番とかいうようなご家庭もあるみたいですけど、本当に女性の負担というのは大きいですよね。ですから、それを緩和していかないと。これは、国策で行くのか、家庭内できちんとしていくのかわかりませんけど。男の人ってたいていは、黙っていたら何もやらないんですよ（笑）。

間野　平等と言っても、男の人は納得しないでしょ。小さい時からの訓練が違うのよ。男同士でもまれているから、男社会で女の人が男の人を納得させるなんてわけにはいかない、深いのよ、少なくとも私の世代の男性は。

津貴子　やっぱり分担があるんですよね。男と女が分担を変えて生きていくのがお互い楽で、スムーズだと思うんですけど、それが今うまくいっていないから……男尊女卑とか男女同権ろかいろいろな形がありますけど、今の社会は歴然とね、男性優位な社会なんですよ、ですからリストラであれば、男女同じキャリアであれば女の人にやめてもらうとか、往々にしてありますけど、それがいい悪いは別にしてね。

間野　昔の人の良妻賢母という生き方を遅れているように言われていますけど、女の人が勉強して偉くなって家にいるということ。

津貴子　今の若い人の中には専業主婦希望の人が増えてきているそうです。子育てってものすごい仕事ですよ。きちんと子どもに食事を作って食べさせて、ある程度の教育、躾をしてといったら、片手間では大変ですよ。社会全体で考えていかないと。

間野　世の中で子どもを思うものは自分で産んだ母親に勝るものはないのよね。動物もみたってそう、どんな動物でもね、一生懸命じゃないですか。

――幸せも不幸せも過ぎてしまえば思い出に

間野　料理学校に行ったのは母に勧められてね。学生時代から大変な時代になって、私は痩せていたから、栄養学校に行ったのね。当時、栄養士と通信士だけが女性がやれる仕事だったの。通信は、モールス信号のね。それで私が受けたのは、日本に一つしかなくて、難しくて十人に一人程度しか合格できないというところだったんだけど、何とか入れて、それで軍の栄養士になったわけなのね、ですから特殊な生き方なのよ。

津貴子　当時はそういった仕事をするのは、とても難しかったのではありませんか。

間野　そうだったのよ。日本での女性の社会進出というのは、随分遅れていて、ここ20～30年くらいで、変わってきましたよね。世の中がよくなってほしいですねぇ。子どもたちもあんまりさみしい思いをしないで、自信を持って生きていってほしいですから。

津貴子　先生がお仕事を始めた頃とは、女性の地位もだいぶん変わりましたね。

間野 女性が、これから頑張って行けるように、世の中考えてほしいわね。もう日本の宝よ、30代の人が。30代の人が自信を持って仕事をして、家が持てるように、希望があるようにしていかなきゃ、日本はもうダメね。ただ、長い間見ているとね、いろんな価値やらなにやらドンドン変わるのよ。ですから、今、多少問題があっても「だいじょうぶよ」と言いたいわね。長生きすれば政治も変わるし、人も変わるし。最近は30代の女性も結婚しなくなって、男の人も女の人も希望の人を探しても、簡単に理想の人はいないのではないかしら。お互いどうにか補っていかないとね。私たちの時代は、子どもが生まれないなんて心配は誰もしていなくて、皆20代で子どもを産んでいたからね。それが今は、30歳を過ぎてから、結婚して、男の人も女の人も赤ちゃんが産まれるのに苦労があるらしくて。ですからね、わかんないわよね、幸せなんて。

津貴子 とにかく子育てに関しては、私も母が働いていたので、自分はある程度まで子どもを見るって決めていたんですよ。子どもが産まれる前からね。ところが、母が突然亡くなって……亡くなる前日の晩、母とうちの家族は一緒に食事をして、……突然、私は、仕事をしないといけなくなって……それで、子どもが、私が突然いなくなってしまったので、心理的なストレスからチック症になってしまって。二歳だったんですよね。

間野 でもね、そんなに忙しい母親でも、いつだって子どものことを考えているのよね。

助手さんもいれば、お手伝いさんもいれば、みんながいる中で子どもだけに気を遣うわけにはいかないのよね。皆がうまくいくように母親は考えていて、私なんかも、子どもと洋服を買いにくく時には、外で落ち合って、一緒に買ってから、別々に帰宅しましたよ。そうしないと、住み込みに来ている助手さんに悪いなと思って。ですから、お母さまもいろいろと考えていたはずよ。母親というのは、いろいろ考えているのよ。それで、全体はうまくいくようにね。女は家で采配を振るっているのが一番、子どもにもね。

津貴子　私、この年になって思うんですけど、若い時に苦労して、「ああいやだなっ」、ていうような苦労をね、だいたい40年間、私はしてきたんですね。その苦労があったからこそ、今こうやっていられるのかな、と思うんですね。ですから、若い時には、うんと苦労してもらった方がいいんじゃないかと思っているの（笑）。

間野　苦労するなら早い方がいいですね（笑）。

津貴子　ある年齢になると、幸福だった思い出も。不幸だった思い出も、全部〝思い出〟となりますね。財産というか、両方とも大切なものという感じがします。何でも時が解決してくれる気もします。

今、思い出を振り返ってみて、母から学んだいろいろなことが、今の私の中にいっぱいあるということに、気が付きました。『母からの贈り物』ですね。

『私の時間』2013年対談を再構成したもの

3章　パリ留学

——津貴子の決意——

父、道政がこの世を去り、兄が独立して、原宿の家は記代子と津貴子の二人暮らしとなった。かつてあった、大所帯の賑やかさは失われていたが、母と娘という当たり前の関係が、却って新鮮に思えた。

津貴子は22歳になっていた。短大を卒業し、すでに栄養士の資格を取得していた。

「父は、私がまだ小さい時に、『大人になったら、なんでも好きなことをやっていいんだよ』と言って育ててくれたんですけど……父が亡くなった後、母は自分の仕事を一緒にやってほしいということで、兄と私で仕事を分担することにしたんです」

すでに、食の世界に一歩踏み出してはいたが、それは自然の成り行きだった。

「なんだか、そうすることが当たり前のように育ってきましたから」

『服部栄養専門学校』は記代子が校長に就任してからも、順調に業績を伸ばしていた。栄養士の資格を取りたい、栄養学について学びたい、一流の料理人になりたいなど、それぞれの思いを持った学生たちが卒業し、実績を重ね、世の中のニーズとも重なり、入学希望の学生たちが後を絶たなかった。重責を担う記代子は、広報室で働く津貴子を頼りにもしており、数少ない心を許せる拠り所でもあったのだろう。

支え合う二人の生活の終止符は、津貴子のフランス留学によるものであった。

「日本にフランス料理が入ってきたばかりの頃でした。これからは、いよいよフランス料理が全盛になるだろう、という時代を迎えていたのです」

津貴子はすでに、日本料理については一通りを習得してきた。料理の先生であり、服部家の日本料理を受け継いだ祖母と、祖母と父に指導を受けた母により、まだ少女の頃より手ほどきを受け、見て覚え、食べて覚えてきたのだ。学校と各国の大使館とのつながりから、外国の料理についても、様々な国やジャンルのものに触れてきた。

「栄養士としての知識とスキルを深めるというのも目的でした。また〝フランス料理なら今だ〟、という感じで、本格的に勉強しなさい、ということになったんです。いつもはそんなにイエスマンではないんですが、子どもの頃から、父と母の、お弟子さんたちがたくさん同居していて、そういう人たちに料理を教える父や母の姿をずっと見てきました。それで、こういった食に関する修行は、当たり前のような感じでした」

17歳の時に経験したフランクフルトでの『栄養学会』も留学に関して、少なからず影響したようである。栄養学のプロフェッショナルが世界各国から集った学会、その後のヨーロッパの旅を思い出し、『フランスだったら行ってみたいな』と津貴子は思った。西洋料理の王様といえばフランス料理であったし、母との旅行で見たパリの街は美しかった。ヴェルサイユ宮殿、セーヌ河でのクルーズ、街角のカフェ、通りを歩く恋人たち、タクシーの窓から眺める夜の街でさえ、ため息が出るほど幻想的で魅惑的だった。

当時のパリは世界一美しいと思ってもいた。

もちろん、そんなに簡単なことではなかったであろう。

「フランス人のお宅にホームステイし、フランス料理、お菓子を習って、それと同時にフランスでの生活から毎日学ぶことは多かったです。それが後の私にとって、とても意義深いものとなりました」

一歩踏み出した津貴子。当時の日本で、後押しした記代子も、並々ならぬ決意だったに違いない。海外に娘を送り出すという気丈な母の心を、軽うじて保っていたのであろう。

「日本にいらしたフランス人の方で、日本初の本格的フランス菓子専門店を開店させたアンドレ・ルコントさんというパティシエの方と母が知り合いで、そのツテでフランスでの学校『ルノートル製菓学院（※1）』を紹介して頂きました」

当時は、〝フランスでのホームステイは難しい〟と言われていた。現在のようにインターネットを介して、世界中の情報があっという間に飛び交う時代ではなかった。

〝日本人がフランス人の家に下宿するのは、まず不可能だろう、生活スタイルがまるで違うから〟

と、先輩たちが言うのも聞いた。

〝フランス人は個人主義なので、日本人をなかなか受け入れないでしょう〟

そんな言葉も多かった。

しかし、フランスへ赴き、面接をしたフランスでの料理学校の校長先生は、

「住むところが決まっていないなら、私のところへいらっしゃい」

と、いとも簡単に津貴子を受け入れたのである。

「フランス人は、ドイツ、イタリアなど国境も5ヵ国と接しており、歴史においても戦や暴動を繰り返し経験してきた国です。警戒心が強い面もあり、当時お聞きしたのは、他人を家に入れるということを、『泥棒を家に入れる』とまで思うこともあったようです」

校長先生は、以前スイスのリッチモンド製菓学校（※2）にて、何人もの日本人に教えたことがあり、日本人は勤勉で落ち着きがあり、いい人が多いという印象を持っていてくれたそうだ。

ただ、嬉しい言葉ではあったが、前出の先輩方の言葉を思い出すと、とまどいもあった。〝一人で自由に下宿した方がいいのではないか〟というそんな思いもあったかもしれない。しかし、子ども時代から父母の弟子として住み込んでいた書生さんたちを見てきた津貴子にとっては、フランス料理のすべて、フランスのすべてを学んでこそ、本場のフランス料理を習得できるのではないかという、確信に似た思いもあった。

結局のところ、津貴子は、フランスの料理学校、スイスのリッチモンド製菓・製パン

※1　パリ郊外の世界最高水準の技術が学べる老舗の製菓学校　※2　スイスのルツェルン市にある世界最高水準の製菓・製パン専門学校

専門学校で学び、通算2年間、途中スイスの学校寮に入ってはいたが、半分以上は校長先生の家にいることとなった。

この時の経験が、以降の食への考え方について、多大な影響を及ぼしたという。

文化の違い、先輩から言われた『フランス人は難しい』というのも、自分は日本内外である程度は外国慣れしているのではないかと、高を括っていた部分もあった。

「お風呂の入り方も違っていて、戸惑いました。マダムの呼び出しを最初に受けたのはお風呂の件だったんです」

様々な習慣で戸惑いもあったが、一番はお風呂の件だという。

ホームステイして、校長先生と校長先生の奥様に、日常生活、ずっと眠る時以外は一緒に行動し、朝は6時頃起きて学校に行って、学校の下準備をやり、授業を受けて、帰りも学校の片づけをしていた津貴子。帰って来て、お風呂に入るのが唯一の楽しみだった。

「ホームステイを始めて、最初の一週間くらい、バスタブにお湯を入れて、日本と同じ用に、〝じゃぶじゃぶじゃぶじゃぶ〟としていたら、マダムに呼ばれました。『あなた、そんなに水を〝じゃぶじゃぶ〟使いませんよ。お湯をそんなにバスタブに張ってはいけません』と言われまして。もっと衝撃的だったのは、『そんなお風呂の入り方、長い間入っていたらあなた倒れますよ』と」

日本ではお湯の蛇口をひねれば、たまに宿泊先でお湯の出が悪いな、と感じることはあるが、いつでもいくらでもお湯が出てくる。フランスでは、たいていお湯はタンクに貯められているケースが多く、夜間電力を使用して、翌日使うお湯をこのタンクで沸かす。タンクが空になればお湯が出なくなってしまうのだ。

「バスタブというのは、基本シャワーの水を受けるだけにして、その貯まったお湯で入ってちょうだいね、と言われて……私は日本人として日本人のやり方で、お風呂に入っただけで、悪いことはしたつもりはなかったんですけど、向こうからしたら、とんでもないこと、向こうの方は、だいたいはシャワーだけなんです。湿度が高くないので、そんなに、どっぷりとお湯に浸からないいんですね」

自分は、普段と同じことをしただけなのに……『カルチャーショックとは、まさにこういうことなのか』と、津貴子はこの件を胸に刻んだという。

「お風呂に毎日たっぷりとお湯を貯めて入っていたら、光熱費が上がってしまいます。洗濯だって、日本にいた時はジャケットだとか、よそいきのスーツなどクリーニング屋さんに出しますね。ところが向こうでは、クリーニング屋さんに出すのは年に一度あるかないか、後は全部自分でやります」

フランスでの生活で感じたのは、フランス人が当時から環境、エコについて考えていたということ。

「自然のものに関して、無駄はいけない、それは食べ物にも通じていて、だから絶対食べ物は捨てないということは原則ですね。食べられるものは捨てないというのが身についている感じでした。絶対もったいないことはしないんですよ。今でこそ日本人はもったいないがどうとか、ものを捨てちゃいけないとか、意識が高くなっていますけど、私がフランスにいた時は、今から50年程前ですけど、一般庶民のフランス人というのは一つ一つのことに繊細な感覚を持っていたんです。それを目の当たりに見て……日本人とは全然違っていたんですけど、基本ベースは、『もったいない』なんですよ。これは、『食育』の基本概念にも通じると思います」

食とは料理をして食べるだけではない、料理以前のこと、食に対する姿勢についても考えさせられた。

「私は校長先生ご夫妻の家庭に飛び込んで、自然の資源、恵み、食材などに関しても『もったいない』という概念を持つことを、そこで勉強したと思っています。留学を契機に、『もったいない』という思い、自然や地球へのリスペクトを持ち続けています。ただ、何でもケチケチしているというわけではなかったんですよ」

戦後の日本人は食料難を経験し、飢えていた時代もあった。食卓に、食べ物がたくさん並んでいるということが贅沢であり、幸せだった時代も経験した。ものが豊富になるにつれ、もので溢れた世界が当たり前になり、本当の意味での『もったいない』という気持ちを見失ってしまっていたのかも知れない。

「日本では、年間2550万トンの食品廃棄物等が出されています。このうち、まだ食べられるのに廃棄される食品、いわゆる『食品ロス』は年間612万トンもの食物を捨てていると言います。これは、東京ドーム5個分と言われています。その比率は、家庭からも外食、食料品店からもたくさん捨てられているんです。段々と日本も気をつけるようには、なったようですけれど」

20代前半をフランスに身を置いた津貴子は、スポンジが水を吸収するように、文化の違いについても身を持って学んでいった。

「フランスの一般庶民は合理主義ですが、ヨーロッパは階級社会。そして、フランスの上流階級の方々は、とても礼儀正しいのです。きちんとしたマナーを持っているんです」

日本については……

「日本はね、彼らに比べると社会主義といってもいいかもしれません。留学経験のある方がおっしゃっていたのですが、日本はね、『筋子文化』なんですって。鮭の筋子です。西洋は『いくら文化』、一粒ずつが独立しているということ。つまり、日本は、袋の中に入っていて、周囲と同じでないとはじかれてしまうと」一人の人間として、独立した個人として主張することは、結構難しいのではないかということである。

「どんどん主張しあうような状況はあまりなかったのですが。学生でしたから、自分をもっとアピールして、というよりは、勉強しなければなりませんでしたから。それでも主張するところは主張はするようになりましたけど……だってフランスの特に女性の強さっていったら、日本の女性と比べると比ではなかったですね」

セーヌ河のほとりに立って、周囲を見渡すと、やはり自分は異邦人なのだと思う。

男女が手を取り合ったり、ハグしたりしている姿も、当時の日本ではあまり見られない光景だった。『男と女（※1）』、『女は女である（※2）』、『シェルブールの雨傘（※3）』などフランス映画全盛の時代にフランス映画に憧れをもって観ていた津貴子にとって、映画でよく見たワンシーンのような光景、それが目の前で繰り広げられている、そんな感覚だった。

20代ともなれば、日本ではそろそろ結婚する年頃だった。26歳と言えばオールドミスと言われてしまうような時代。津貴子の周囲でも、すでに母となっている友人もいた。それでも、パリで出会う女性たちは、どこかしっかりと自分の足で立っているように見え、大人の魅力とは、ああいうものなのかと思ったりもした。

１９６０年代のパリは、津貴子が育った東京に比べて、成熟した街であった。

津貴子は留学期間、料理学校の校長先生の家に住まわせてもらい、数ヶ月ごとにスイスに通って、お菓子の勉強をした。

ヴェルサイユ宮殿にて

「先生のお宅は、パリから車で20分くらいの郊外で、お庭に畑があって、食事の時は畑からお野菜を獲ってきて、洗って食べるんです。ちょっと歩いていくと、大きな森があって、自然動物公園がありました」

休みの日には、津

※1　監督：クロード・ルルーシュ　主演：アヌーク・エーメ　１９６６年　※2　監督：ジャン＝リュック・ゴダール　主演：アンナ・カリーナ　１９６１年　※3　監督：ジャック・ドゥミ　主演：カトリーヌ・ドヌーブ　１９６４年

貴子はマダムに連れられて、森に入って、ラズベリーとかミラベルとかベリー類を摘んできて、ジャムを作った。農薬が使われていない、フレッシュな手作りの料理は、日本での自然の触れ方と違って、新鮮で、津貴子にはとてもモダンでおしゃれに映った。

食事のスタイルも、日本とは違っていた。

「朝は軽めで、学校のカフェテリアでカフェオレとクロワッサン、ランチは、またカフェテリアで、スープ、サラダ、ビーフかポークか魚か肉などメインディッシュを選んで、量もたっぷりあって、一番比重が大きいんです。ワインも飲み放題でね。学校ですから時間は決まっていますが、フランス式では昼はおしゃべりしながら、朝昼晩の中で一番きちんとした食事を時間をかけて食べるというのが主流でした。夜は昼が結構食べていますから、軽めでスープとオムレツとか」

取り分け、日本と比べておいしかったのは、ケーキだった。

「その頃の日本のケーキというと、バリエーションが少なかったんですね。ショートケーキ、アップルパイ、シュークリームなど王道のものが市場には主に出回っていました。フランスの、ケーキ類、スイーツ類は、色も見た目も工夫していて、バリエーションも豊かな上に、バターやミルクなどたっぷり使っていて、本当においしかったんですね。映画『マリー・アントワネット（※）』では『ラデュレ』さんがスイーツの監修をしていらっしゃいますが、とても華やかで宝石やお花が散りばめられたようなスイーツが出てきますけど、ショーケースに並んだケーキは、当時の私の目にはとても華やかで、あれもこれも食べてみたいと思わせるものばかりでした」

ドイツ、イタリアなど他のヨーロッパ諸国と比べて、ケーキと並んで格段おいしかったのはパンだったという。

「パンはとにかく、何を食べてもはずれがないというか。フランスでは、朝に、多くの家庭が、その日に食べるパンを買いに行くんですよ。やっぱりみなさん焼き立てのパンを食べたいんですね。学校に行く頃に、歩きながらバゲットを食べる人を見かけることも、たまにありましたよ。焼き立てをがまんできないんですよね」

津貴子が特に好きだったのが、『ジャンボンブール』という、ハムサンドイッチだった。

「フランス産の小麦で作るバゲットがおいしいのはもちろんなんですが、ジャンボンとは豚のもも肉のハム、ブールとはバターで、バゲットにバターをたっぷり塗ってシンプルにハムを挟んだだけのものなんですが、大好きでした」

フランス産のバター、小麦、ミルクなど、どれを取ってもおいしかったという。

「フランスは、農業がさかんで、ヨーロッパ屈指の、世界的な農業大国で、主に小麦や牛乳、肉類などを輸出しているんです」

※監督：ソフィア・コッポラ　主演：キルスティン・ダンスト　２００６年

フランスの国土面積は約55万平方キロメートルで、日本の約1・5倍、その50％以上が農業用地である。日本の人口は約1億2500万人でフランスの人口はＥＵ内でドイツに次いで二位の約6700万人なので、日本より人口密度は3分の1程度と言える。農業用の土地面積はＥＵ全体の16％、農業生産額はＥＵ全体の17％をも占めていて、ＥＵ最大なのだ。農産輸出額は世界第6位の農業大国なのである。

「もちろん、バター、チーズなどの農作物加工製品の輸出でも、フランスはアメリカに次いで世界第二位で、ワインはＥＵ全体の輸出率の30％強を占めているんです。まさにグルメの国というか」

驚くべきはその自給率だという。

「野菜と果実を除く、多くの農作物が自給率120％を上回っているんです。校長先生のお宅でもそうでしたが、自分で育てたものを自分で食べるということを楽しんでいて、意識も強かった気がしますね」

自国にあるもので自給するという食生活を送るフランスでは、食だけではなく、限られた資源を無駄にしないという意識の高さも学ぶ点が多かった。

「一番勉強になったのは、とにかく〝無駄〟をしないということかしら。フランス人は、水を決して無駄にしません。水は向こうでは貴重ですし、料金も高いですし、食べ物も無駄にしなかった」

最初はどうなることかと思ったフランスでの生活――実際は窮屈な生活というよりは、エコに加え、合理的な美について考える機会となっていった。

「やっぱりフランスはすごいなーと思ったのは、今でこそ日本でも電気が自動的に点いたり、消えたりってありますけど、今から60年程前には、一般庶民のフランス人というのは、とても細かく、大変な合理主義。それを目の当たりに見ることになりました。日本人とは全然違っていたんですけど、基本ベースは、もったいない、なんですよ。階段を上がる時に、電気が自動でパッと点いて、上がりきった後に消えるんです。絶対に電気、ガス、水道を無駄にしないということを徹底していたのです。トイレも同じく、入るとパッと電気が点いて、ある程度時間が経つと消えちゃうんです。『ああ、無駄がない、エコロジーもこういうところにあるんだな』と感じました」

津貴子が、合理性について学んだ2年間の後、日本に帰国してから、津貴子を知っていた周囲の人々に不審がられたという。

「『どうしてそんな風になっちゃったんだ』、みんなに、『なんでそんなけちけちするようになったの？』と言われたんですよ」

電気をパチパチと消していく、水道の蛇口をすぐひねって止める、クリーニングに出さずにできる限り自分で洗濯する……ＤＩＹの精神なんです。〝フランスかぶれ〟と笑われたりもした。津貴子にとっては当たり前になったことを、習慣としてやっていただけである。

「自分でブラウスとかセーターとか、手洗いしたり、干したりとか、いろいろしていたら、お手伝いさんに、『どうして、そんなにやらなきゃいけないんですか』って言われたこともありました」

「今となっては、そこまで極端にしているわけではないですが、それでも身体が覚えているというか、フランス留学は、そういった意味でもターニングポイントになりました」

若い津貴子の中には、今も息づく異文化の種がしっかりと蒔かれることとなった。

「それとね、当時も少しずつフランスにも移民が入ってきていました。通っていた学校『ルノートル』に併設された工場があって、そこには、できたお菓子を運ぶために、中東の方がたくさん働いていたんですね。東洋人である私にも気さくに話しかけてきて、親切にしてくれましたよ。パリに行くと、レバノン料理、イスラエル料理、モロッコ料理のけっこうおいしいレストランが増えましたよね」

一方、フランス人が守ろうとしているアイデンティティのようなものも感じた。

「『フランス人は難しい』と聞いていたんですけど、生粋のフランス人、特に家柄のいい方たちは他国の文化芸術にはオープンな面もあるけれども、家系には、入れないように、他国の血が混ざらないように、祖先からの教えを守っていらっしゃる方も、けっこういらっしゃいましたよ。あと、フランスは人口減少、労働力確保もあって、第二次世界大戦後から移民を積極的に受け入れてきましたけど、国境の接し方、繰り返してきた戦や暴動の歴史、昨今の移民の問題等もあり、自国の文化や慣習に誇りをもって守っていこう、という姿勢も強く感じることもありました。今となっては日本が何か学べる点があるのではないかと思います」

料理を生物学的、科学的側面からも捉えるきっかけにもなった。

「狩猟民族、農耕民族、遊牧民族でそれぞれ遺伝子というか身体の作りが違っていますでしょ。よく言われるのが、東洋人、日本人は腸が長く、西洋人は短い。ですから、食べ物の消化の仕方が違っていて、西洋人はよくお肉を食べますけど、悪い部分を吸収しないそうです。農耕民族の長い腸の中をお肉が通ると、長い間滞在しますから、悪い病気になりやすいと。そういうことがありますので、民族ごとの歴史の中で体型も内蔵も作られているので、農耕民族は、基本的には、穀物と野菜と、お魚という食事が主で、お肉を食べすぎるとあまりよくないと。また、遊牧民族というのは、羊の肉など自然の中の放牧された肉とか乳製品がとても身体に合っているんです。狩猟民族は肉と野菜を食べて健康になる。きちんと自分の身体に合ったものを食べるのがいいということですよね」

国の違い、文化の違いだけではない、食の違いには合理的な理由があり、津貴子は、その点も食の奥深さだと思い至るようになった。

「年齢によっても、若い時に身体が作られますから、どんどんいろいろなものを食べて、血、肉、骨にしていかないといけないんですが、中高年になったら、そんなにいろいろ食べなくても身体ができていますから、日々の身体の機能を高めるようなものを食べることが大事です。脂肪だとか、炭水化物とかを必要以上に摂ってしまうと、太ってしまうということがあります。年齢に応じて食べる量もコントロールしていかないといけないんですね。中学生から高校生の人達が、一番たくさん食べる時期というのはいいのです。むしろ食べないと心配ですね。その人の年齢、体型に合うもの、体質、地産地消、その地域で穫れる旬のもの、そういうものが一番、ヘルシーなので。基本的にはそういったものを食べましょうというのが、食育の大きな目的でもあります」

津貴子が食育に目覚めたのは、フランスで料理学校の校長先生の家に暮らしたことが

パリにて

きっかけであり、津貴子に、ライフワークともいうべきテーマを授け、多大なる影響を及ぼしたのだ。

パリでの生活が二年を過ぎようとした頃、記代子からの手紙が届いた。

この頃の津貴子は、現地での生活にも慣れ、現地の日本人、フランス人を織り交ぜた交友関係も形成されてきており、絵画や彫刻など芸術の面でも、世界的なアーティストの作品を取り揃えた美術館があるかと思えば、新進気鋭のアーティストの作品が、街中のギャラリーで気軽に観ることができる環境、学校での料理の勉強にも充実感を覚えていた。フランス料理の本場、

ヴェルサイユ宮殿にて

パティスリーの本場で勉強することに加えて、芸術に触れ、多様な文化に触れること、自分の考えをはっきりと口に出して述べることなど、すべてが料理に通じるようにも思えてきていた矢先でもあった。

日本を発って以来、当時メールなどなかった時代、母とは折りに触れ、手紙のやり取りをしていたが、この日の手紙は格段と違っていた。

『あなたもいい年になったのだから、お嫁さんにいきなさい』

母に〝美以津〟と名付けた祖父は自由の気概に溢れた人だったが、さすがに、そんな祖父でも、フランスでの生活を満喫している津貴子のことを、今のうちに結婚させないと一生しないのではないか、と心配になったようだった。

手紙には、『帰ってきなさい』、『お相手のご両親のところへご挨拶に行き、決めてきたから』と書かれていた。

津貴子は呆気に取られてはたが、お相手に関しての驚きは、そこまでではなかった。

「5年くらい前から存じ上げていたんです。まだフランスへ留学する前ですけど。うちはよく人の集まる家でした。彼もお友だちと一緒に来ていたのです。料理とは全然関係のない人でしたけど」

原宿の家は、表参道を少し上がった所にあって、その彼は近くに下宿していた。大学の友人に紹介されたのがはじまりだったが、家にはしばしば訪れることがあった。その後一年程して津貴子は留学したのである。

津貴子が高校生の時に、兄幸應と共に英語を習っていた際の先生であったMs.スージーは、アメリカ生まれのシングルマザーで、その頃のイタリアの女優さんに似ていた。彼女のパートナーは上智大学に研究員として留学していて、プリンス・ウィリアムといった。正真正銘のプリンスであり、エリザベス女王の従弟で、イギリス王室の何番目かの皇位継承者だという。二人の恋はまるで、映画のようで、とても自分の身とは、かけ離れたことだと思っていた。

国内旅行にて：左 津貴子、右 記代子（1970年代）

それでも、『結婚しなさい』という母からの手紙を見た時、ふっと二人の姿が思い浮かび、少しだけ胸が踊った。

しかし、パリに来て学校に通い、校長先生の家に住んで、様々なことを学ぶにつれて、料理の研究というものが楽しくなっていた。料理研究者として、まだ始まったばかりではないか……。

「いろいろ考えましたが、結局の所は日本に帰りました」

東京に戻ったのは、『今帰らなかったら、自分は一生帰らないかもしれない……』そんな思いからだった。

一番は『母が待っていてくれる』、『母を支えなければ』という思いからだった。

また『服部栄養専門学校』自体が津貴子の一部であり、家族の一員と化していた。

「学校は人ではないんですけど、学生さんたちを含めた学校自体が私の家族という風に、当時も当たり前のように感じていたんですね。父も母も同じように考えていたのを感じていましたし……」

料理を後世に伝えていく、つないでいく〝服部〟という家の一員として、自分は帰属する所がある、帰る所、帰るべき所がある……そんな津貴子の決意だった。

料理は第9番目の芸術

小杉小二郎×服部津貴子　対談

※敬称略

津貴子に多大な影響を与えたフランス留学。ホームステイ先はパリ郊外、フランス北中部のトワリーというコミューン（基礎自治体）。画家である小杉氏も津貴子と同時期にフランス留学し、トワリーには絵を描くためしばしば訪れた。時には、哲学的トークを織り交ぜながらトワリーの思い出話から美しきよき時代のフランスを語る。

小杉小二郎（こすぎこじろう）

洋画家

東京都出身 1944 年生まれ

日本大学芸術学部工業デザイン専攻。中川一政に師事し、1970 年に渡仏。グラン・ド・ショミエール研究所（パリの美術学校）に入学し、翌年からは美術公募展のサロン・ドートンヌなどに出品して本格的に活動。祖父は日本画家の小杉放庵、父は美術史学者の小杉一雄。1984 年第 1 回日本青年画家展で優秀賞を受賞。

――もしかしたらパリですれ違っていたかも

服部津貴子（以下津貴子） 小杉さんの経歴を拝見しましたら、１９７０年に渡仏とありましたでしょ？ ちょうど私が若い頃、フランスの学校に行きはじめたのがその頃だったんですよ。絵の中にトワリーの風景がありましたけど､私が住んでいた所が､校長先生のお宅で、ちょうどトワリーだったんですよ。

小杉小二郎（以下小杉） 動物園のある所でしょ？ そこです。

津貴子 その動物園から道を挟んだ場所に校長先生のお宅があったんです。それで、お庭に畑があって、日頃から収穫して食べさせて頂いたりしていて、とても自然が豊かな所で、動物の鳴き声も時々聞こえたりしてね。すごくいい所たったんですよ。

小杉 では重なっていたんですね、私のいた時期と。すれ違ったかもしれませんね。

津貴子 私はお菓子とお料理を習うのにフランスとスイスを行ったり来たりしていました。長期に渡って逗留したのは、１９７０年の前後2~3年ですね。

小杉 その頃は、フランスの雰囲気も格別に良かったですよね、今と比べるとね。パリも本当にいい時代でした。

津貴子 今は外国人が多くなってしまったでしょ、特に中東の方たちがね。

小杉　パリ近郊10キロメートルくらいは、外国人ばかりですよね。パリでは物件が、とても高くなってしまって、アラブ系のお金持ちが住むようになっているようです。

津貴子　私が若い頃のフランスは、とても輝いていましたね。

小杉　僕たち東洋人は、居づらくなってしまいましたね。昔は専門学校とかにはいってしまえば、それで滞在許可証をもらえて、3ヶ月とかいられたんですけど、今はそれさえもらえなくなってしまって……ですから､向こうで日本食のレストランがありますが。日本人を雇用できなくて大変みたいですよね。

津貴子　そうですね、うちの学生さんたちも昔はたくさんパリに行っていましたけど、今は働くことができないですから、学生として行って無給で勉強するという感じです。お食事くらいは、まかないで出してくださるというけど、生活はできないらしく、厳しくなってと言っていました。

小杉　日本人は、とても勤勉でしょ。そして丁寧ですからね、レストランの方が手離したくはないんですよね、ほとんど無給で働いてくれるし（笑）。

津貴子　文句を言わないですからね、日本人は。

——自然豊かなトワリーでの夢のような日々

小杉　パリから10キロメートル圏内というのは、東京の10キロメートル圏内と変わらないと思いますね。工業地帯という感じでほとんど倉庫だしね、ただ30キロ、40キロになると、ガラッと雰囲気が変わりますね。

津貴子　私の通っていたお菓子の学校というのは、パリ郊外のプレジールというところにあったんです。そこに製菓の工場を持っていましてね、〝ルノートル〟という学校だったんですけど。私が住んでいた、トワリーからプレジールに通っていた、時々パリに行くという感じです。トワリーは自然が豊かで、歩いて行けば、すぐに森がありまして、日曜日には森に、木の実、ミラベルとかブルーベリー、ラズベリーなどをステイ先のマダムと採りに行き、ジャムを作ったりしていました。私は東京生まれ東京育ちでしたので、そういう生活がすごく楽しかったんです、

小杉　なるほど、そうですよね。トワリーの方が、いわゆるシャトーが、多いんですよ。芸術、音楽関係も多いです。

津貴子　トワリーの奥の方へと行くと、本当に素敵な昔からの建物がいっぱいあってね。私がお世話になったお宅には、同じくらいの年のお嬢さんがいらしたんですけど、その

お友だちたちが週末になると、遊びに着たりとか、車で出かけて、古い館に行って、一歩入るとすごく広いダンスホールになっていたりして、そこに行って皆で騒いだりする。本当に何か夢みたいな感じなんですよ。楽しかったですね。今でもあるのかしら？

小杉　ありますよ。森の中に大きなディスコというか。どんなに大きな音を出しても森の中だから大丈夫でね。

津貴子　とても素敵でしたね。その頃、いろいろ地方に連れて行ったりしてもらいましたけど、パッと見て、そのまま絵になるような風景が多かったですね。

――お漬物代わりにオリーヴの塩漬けを食べ過ぎて

津貴子　フランス人は、妥協しないと言いますか、お上手も言わないし、日本人と全然違うんですね。私はフランスに行く前に、「フランス人と日本人が同じ屋根の下で暮らすことは、まず不可能です」と言われて……でもね、向こうの校長先生に、「これから宿舎を探します」と言ったら、「じゃあ私の家にいらっしゃい」と言って下さったので、お言葉に甘えて、そうさせて頂きました。とても素敵な郊外の一軒家で、二階に私と娘さんと校長先生ご夫妻の寝室があって、一階にはリビングと仕事部屋があってというお家でした。ヨーロッパの方って、外部の者に対して、真っ向からは受け入れない、受け入れてこない歴史があるというか、そうしないと生きていけないような、歴史を重ねて来ていますから、同じ屋根の下で暮らすのは不可能、と言われたんでしょうけど。

小杉　わかる気がします、でも、フランスで立派にやっていかれたんですよね。

津貴子　私はお料理とお菓子の勉強のために、留学して、日常生活は、ほぼフランス料理とフランス菓子のみ。その頃は、日本料理なんてまったく知られてなくて、和食の店もパリに数件しかなかったですしね。『日本人は生のお魚を食べて野蛮だ』みたいに思われていて、お刺身なんてとんでもないっていう時代ですから。パリに遊びに行くと、どうしても和食が恋しくなったりするんですね。焼き魚ですとか、ごはんにお味噌汁とかを食べるとほっとしたりして、フランスの家庭では、オリーヴの塩漬けを戴くんですね、それが発酵食品ですから、日本のお漬物とよく似ている感じがあって、それをついいっぱい食べ過ぎて、おなかをこわしたりしましたね（笑）。

小杉　フランスのバケットを買ってきてね、小さくちぎってビールに漬けると、即席のぬかドコになるんですよ。そこに野菜、きゅうりなんかを入れてね。日本人は、ほとんどやっていましたよ。そういうやり方が前にいた日本人から伝わっているんですよ。今はパリも日本食であふれていますから、そんなのいらないけどね。

津貴子　お寿司屋さんだけでも、すごい数がありますし、あと回転寿司も増えましたね。

小杉　そうそう、もう300件以上じゃないかな。ただ、日本人はいませんけどね。

津貴子　ほとんどが日本人のいない日本料理店で、ちょっと違うのね。ただ、日本料理は生ものを扱うので、それが怖い点ではありますね。向こうでは、和食ブームがすごくて、どこでも和食が食べられるようになりましたね。

小杉　スーパーでもお寿司を買えるようになりましたね。

――フランス女性は、男性が他の女性を見るだけで……

津貴子　私の友人で、フランス人と結婚している人がいますけど、嫁ぎ先のお母さまに、旦那さんが帰ってくる頃におしゃれをしておかないと、「捨てられるわよ」って言われたんですって。きれいにしておかないで他のきれいな人に目が移ったら、〝それはあなたが悪い、仕方ない〟という理屈なんです。

小杉　家庭内で緊張感があるというか。フランスでは、女性が強いけれども、それだけではなくて、いつもきれいにしているという点では、とても素敵だなと思いますね。皆、生きることに自信を持っていますよね。日本人よりね。独立心が強い。

津貴子　フランスは個人主義というのもありますよね。母も家ではいつもきれいにしてはいましたけど、父を立てて尽くして、まったく違った生き方ですよね。

小杉　フランスって女性の料理人は多いんですか？

津貴子　いることはいますけど、そんなには多くないと思います。料理は体力も必要ですからね。いい感覚を持っている女性の方はたくさんいらっしゃると思いますが、シェフになるというのは限られていますね。ものすごく重労働ですからね。筋肉がないとできないですね。家族のための少人数のお料理は、お母さんができますけど、シェフとなると、四六時中、火の前で立ち続けることも日常ですから。

小杉　ああ、そうですね。だから、あれだな、田舎のビストロなんかに、時々、すごい感じのマダムがいますよね、女傑というか。マダムなのに、髭が生えているようなのが（笑）。でも、日本でも、女性の料理人は、まだまだ少ないでしょ？

津貴子　少ないですね。有名な女性シェフというと……ロシア料理で一人おられましたけど。あと、お寿司職人さんも女性はいないです。やっぱり男性社会なのかもしれないですね。重いものを持ったりして、とてもハードな面があるから。

——料理は第9番目の芸術である

津貴子　芸術というのは、持って生まれた才能が基本にあって、それがいろんな環境に出会って生まれてくるものだと思うんですね。勉強すれば、多少は絵を描くことができるでしょうけれど、持って生まれたものがあって、それを表にだすっていう感じだと思うんです。芸術は何でもそういうものだと思いますけど。

小杉　料理もそうではないですか？　塩一さじ、砂糖一さじで同じ味になるかといったら違って、最後は感性ですよね。絵描きの場合の、塩一さじ、砂糖一さじは素描で、これは訓練ですからね。訓練すれば、表現というものは、ある程度はいくわけで、主にテクニカル的にね。その一歩向こうのものは、完全に自分が持っているものですから。

津貴子　きっと表面的に絵が描けていても、違うんですよね。それって、本当に大変なことだと思います。料理もそうですね10人に同じものを教えても、10通りのものができあがりますから。それは持って生まれたものですね。フランスでは、「料理は第9番目の芸術だ」と言われますけどね（※）。でも本当に、見た目でも、食欲はとても変わってきますし、同じ材料でもぜんぜんおいしく見えないものもありますから、それは本当に作り手の持って生まれたものですね。

小杉　絵描きの場合は、色彩感覚が問われますけど、料理も同じですよね。まず、料理は目で食べるというか、そういうセンス、色彩感覚がないのは、おいしくないですよね。

津貴子　味付けのセンスもね。本当に、好まれる味付けをする方と、やっぱりおいしくないわねという味付けをする方がいらっしゃいますから。やっぱり生まれたものですね。芸術は、人の心に何かしら訴えるものがないといけないんじゃないかと思うんですね。

小杉　〝うまい〟というのはダメなんですよ。絵でも「うまい絵だね」というのは誉め言葉にならないんですよ。ちょっとしたニュアンスなんだけど、「いい絵だね」というのはいいんですよね。下手な方が、本当はいいぐらいなんですよ、伝わりやすくて。絵描きは、料理がうまい人がけっこう多いんですよ。似ているわけですよね。材料があって、それを料理して人に食べてもらって喜んでもらうという。

――農業大国のフランスに日本も学ぶべきところが

津貴子　日本はある時から、高度経済成長で農業を捨てて来たじゃないですか？　日本は国土の大半が山と緑、水がきれいで風景がきれいで太陽の光があって、元々とても農業に適している国だったんですよね。それを大半放棄して、工業の方へ切り替えてきて、

※由来　1：文学、2：音楽、3：絵画、4：演劇、5：建築、6：彫刻、7：舞踏、8：映画

確かにお金は入ってきてよかったでしょうけど、食べ物はどうしているのかと言ったら、今は約60％が輸入に頼っています。そういう問題を考えた時に、フランスって農業国でもあって、自給率約１２０％ですからね。おいしいものがたくさんあるわけですよ。

小杉　車で走れば、フランスも牧歌的な風景が広がっていますよね。農夫や農業を題材とした絵画もけっこうありますし。

津貴子　パリのイメージがありますけど、フランスならではの、のどかな風景も、けっこうありますよね。フランスはね、フランス政府の政策がよかったのではないかと思うんですね。ドゴール大統領がある時言ったんですって、『食料自給率が１００％ない国は、独立国、先進国と言えない』って。フランスというと、フランス料理にも代表されますが、食が楽しみで、世界各地から訪れる方もかなりいらっしゃいます。フランスは、おいしい食べ物をたくさん作ってきているんですよ、酪農にしても何にしても。チーズ、ワイン、パンとかね。そういう意味では、グルメの国といえるかもしれないですよね。日本は、食料自給率が低くて、いざという時どうなるのかと。フランスに学べるところがあるのではないかと思います。

小杉　食は、人間の基本の営みでもありますし、何かあった時に、困りますよね。

津貴子　フランスはその食文化が無形文化遺産になりましたけど、やっぱりそれはフランスの生き方、おいしいものを作って生活空間も、おしゃれなものがいっぱいあって、洗練されているなと思いますね。ですから、日本にもすごいものはあるんですけど、日本人自体がそれを理解していない所もあります。そういうことを日本人として理解していった方がいいだろうということは思いますね。おいしいものって人を幸せにしますしね。芸術とも共通することだろうと思いますけど。

小杉　フランスでの食生活というと、人と食べることが一番うまいというかね。ディナーでも、いろいろな人が来ていて、参加者のハーモニーによっては、パン一切れであってもおいしいという、そういう演出ができるというのが、フランス人は見事ですよね。

津貴子　誰と食べるかによって食事って違いますからね。

——持って生まれたものが人ってにじみ出る

小杉　フランスももちろん住み慣れてはいるんですが、何と言っても、日本の浅草上野がやっぱり僕の拠点というか、日本の方が楽ですね。向こうは40年いたって、緊張していますよね。絶対に酔わないしね。だいたい向こうは身分証明書を持っていないと、すぐ捕まってしまいますからね。

津貴子　フランスはね、『おまえは誰だ』という所から始まりますから。歴史上しょうがないですよね。国境を越えて、敵がたくさんはいってきていた訳ですから。島国の我々日本人は、そういう点では能天気ですよね。簡単には敵が入って来られないんですから。

小杉　とにかく、日本にいるとホッとしますよね。そしてこっちにしばらくいて、また向こうに戻るとホッとします（笑）。自分の人生の半分以上、向こうですからね。

津貴子　フランスは基本的におしゃれですよ。何でもちょっとしたことが違いますね。

小杉　持って生まれたものってお話がありましたけど、あと品格ね、これは無理くりには育たないんです。備わらない人は根本的に何をやっていいのかわからない。

津貴子　絵でもお料理でも、その人の持っているものが出るんですね。すべてが出てくる。それは家柄とかそういうことではないんですよ。母も、比較的早くから海外に学会や研究会で出て行っていましたから、多様な文化に接して、『人種や性別、年齢を超えたところで人間の本質というものがあるのよ』と言っていました。私も、フランスやスイスでの生活も含め、異文化に接する機会を多く持ってみて、ものとかお金ではなくて、その人の持って生まれた遺伝子。血の中に受け継いだものが、人って滲み出るんだなと思いますね。

『私の時間』2013年対談を再構成したもの

4章　記代子の動物たち

——運命という名の皮肉——

母、記代子との想い出のヨーロッパ旅行。

今も輝きを失わないその旅――『栄養学会』という各国のプロフェッショナルが集った学会も壮観ではあったが、やはりその後の、ヨーロッパ各国への旅は17歳の津貴子にとって、殊の外刺激をもたらした。当時としては珍しいヨーロッパの空気に触れることのできる旅だったからというのもある。

しかし、そこには同時に、母との水入らずの時間という、もう一つの意味もあった。二人だけで過ごす、かけがえのない時間――それは、記代子と津貴子にとって、叶いそうで叶わなかった親子の時間でもあった。

生家での暮らしには常に少なくない人の目があったのである。

「私が小学校3年生まで、中野の駅のそばの家に住んでいました。そこには両親と祖母、兄、私、お手伝いさん、それに料理学校の書生さんたちも一緒に住んでいました」

時代としては、日本はこれからという時。時代背景としては今ほど豊かではなかった。1964年の東京オリンピック、その開催決定が1959年。そこから東京は昼夜を問わない開発ラッシュを迎えて、近代都市へと変貌を遂げていく。

都内と言っても、のどかな田園風景も残っていた頃である。大通りこそ舗装されてはいたが、道一本入れば、どこも剥き出しの砂利道が当たり前。家にしても木材中心で、鉄筋コンクリートという時代ではない。『日本の家は木と土でできている』と言われた日本家屋である。敷地の境は、生け垣で、ひょいと覗いてみると、すべてが丸見えという、プライバシーも何もないような時代であった。

そんな中、道政は、住み込みの弟子たちと共に、日夜料理の研究、実践に明け暮れていた。同じ食材を違う切り方、違う火の入れ方、少しずつ塩分濃度を変えてみたり、糖度を加えてみたりと、ありとあらゆる、調理というよりは、実験室での実験と言った方がいいかもしれない。

「父は、『料理は科学だ』と言っていました。何かを加えることで、肉や魚の臭みが消えたり、柔らかくなったりすることがあります。例えば、お肉に酵素を含む玉ねぎやリンゴのすったものを加えると柔らかくなるとか。様々なことを試して、データ化して、記録していました。誰でも正しい知識を持って、栄養のある料理をおいしくできるように、というのが父の願いでもあったのです」

父道政の母も、祖父祖母も料理家であり、道政は戦時中、軍の食事指導もしていた。政府や様々な企業から、食についての依頼や意見交換を求められ、『食の水先案内人』をしていた人物である。

「よく父は、『食糧兵站（※）が整っていない軍隊は必ず負ける』と言っていたんです。

※戦闘地帯より後方の、武器、弾薬や燃料といった軍需品や医薬品、食糧などの生産・補給、輸送などを指す。

父は満州にも行っており、食糧兵站、ひいては栄養バランス、栄養学の重要性をすごく認識していて、戦後の日本を元気にするための、食事、食生活について日々考えて研究を重ねていたのではないかと思います」

『服部栄養専門学校』黎明期の姿であった。中野の家には絶えず大勢の人間が出入りする、活気に満ちた料理研究、実践の場所。仕事と住まいが一体化しており、楽しくもあり、同時に真剣勝負のどこか緊張感のある場所でもあった。それが、津貴子にとっての〝家〟であった。

そして、その家には、他にも一緒に暮らす家族たちがいた。

「犬が50匹以上いたんです」

母、記代子は動物に目がなかった。

3世代同居に若い書生さんたちのお世話、家政婦さんたちの指揮に至るまで、記代子の仕事は膨大であった。学校の仕事を手伝うようになって、家の仕事は軽減したとはいえ、忙しさには拍車がかかった。そんな中にあって、動物たちのふれあいは、記代子にとって、お世話はあるものの、息抜きの側面として譲れないものがあったのかもしれない。

ただし、〝動物を飼う〟、〝ペットと暮らす〟という言葉から想像する範疇を超えて、そのスケールは大きかった。

「庭に二階立ての犬舎を作り、ズラーッと個室に寝かせていたんです。それで、昼間には、庭で遊ばせていましてね……」

飼っていたのは犬だけではない。

「あと、ニワトリもね、100羽くらい飼っていました」

愛玩目的だけではなかった。

「孵卵器に卵を入れて、ヒナを孵すんです。それでニワトリを増やして、卵を産ませて、うちで食べきれないから、近所のお肉屋さんが買いに来ていたんですよ。野菜の切れ端や皮などをうまく利用して飼料にしていたり、母もニワトリの健康状態に気を配っていたりしたせいか、『味が濃くておいしい』と評判はよかったです」

その他にも、裏庭を畑にし、野菜なども作っていた。空いた土地があれば、畑にして野菜を作るという家は、当時は当たり前のようにあったが、服部家は料理が仕事である。新鮮な卵や野菜は、重宝していたであろう。

「収穫時期になると、トウモロコシがたくさんできるんです。そうすると茹でたり、蒸したり、焼いたり、トウモロコシご飯を作ったり、スープにしたり、ありとあらゆるトウモロコシ料理にして食べるんです。今でも、夏が来ると、はじけんばかりのトウモロコシのつやつやとした黄色い粒を思い出すくらい」

トウモロコシだけでなく、年間を通して、採れたての様々な旬の野菜料理が食卓に並んだ。

「とにかく、鶏はつがいから100羽にもしてしまうし、野菜を育て、収穫して、ものを増やすのが得意で、好きな人でした」

趣味と、時には実益を兼ねた、動物とのふれあい。中でも犬には、格別の思い入れがあった。血統書付きの犬から野良犬までを一緒に飼って、分け隔てなく愛情を注ぐのが記代子流。

「とにかく、ワンちゃんが大好きで、イギリスまで行って、わざわざ買ってきたものもいました。珍しい種類で、元の飼い主だった方が、遥々イギリスから元気がどうか見に来たということもあったんですよ」

血統書付きも、野良犬も、分け隔てなく、一緒に育てて、その数はどんどん増えていった。増えた犬は、知人に養子に出したり、筋のいい犬はきちんと育ててコンテストに出したりもした。

「『COOKING　MUSE』という名前を付けたワンちゃんもいました。COOKINGは料理ですよね、MUSEは母の名前から取って……その子は、ワンちゃんのコ

イギリス郊外の犬舎にて

ンテストで世界チャンピオンになりました」

動物、取り分け犬は、記代子が生涯愛したパートナーだった。一匹と言わず、数十匹を飼っていたが、その後、家を移って、生活様式が変わっても、これだけは変わることはなかった。

そんなにまで、動物に愛情を注ぐ記代子には、ある夢があった。

それはアフリカへ行くこと。地平線まで続く広々としたサバンナ（※）を、全力で駆け抜けていく野生動物たちの美しい姿。野生の中だけでしか見ることのできないその姿を、いつの日か直接見てみたい、間近に感じてみたい、それが記代子の夢だった。

料理学校の開校――夫の死別――そして突然の校長就任――目まぐるしく変化していく人生の中で、その夢だけは変わらず持ち続けていた。

「母が40代半ばで私が22～23歳の時でした。昔から行きたくてしょうがなかったようでした。必死で時間をやりくりして、ついには母の夢が叶う日が来ました。朝から晩まで学校の仕事をして、学校以外の時間も、家族の時間、料理の時間を大事にして、以外はワンちゃん、動物たちのお世話、畑と大忙しの母でした。家のこまごまとしたもの、例えばクッションカバーとか、ベッドカバーなども、図案から起こして、好きな動物の刺繍を指したりして、夜寝るのは、2時か3時だったかと思います。ほかにも多趣味で、日本舞踊もやっていて、練習して国立劇場の舞台にも立っていました。今思うと、そうやって、好きなことをしながら自分の中のバランスを取っていたのかもしれませんね。アフリカ旅行は、そんな忙しい母の自分へのご褒美だったのかもしれません」

それだけ忙しくしていても、記代子は不平不満、愚痴など全くなかったという。

「学校経営をしていたというのもあって、夏休みを利用して、まとまったお休みを取って行ったんですよ」

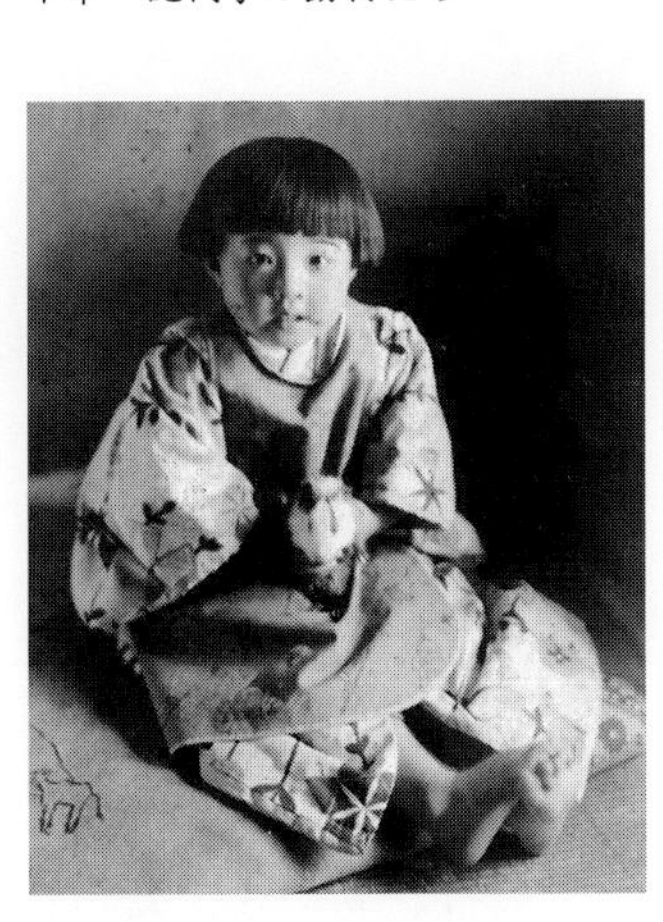

幼少時モルモットを抱く記代子

アフリカ旅行が決まってからは、記代子は一層仕事に精を出していた。

夢叶い、アフリカの草原を巡り、野生動物を見学して回るサファリツアーに参加した。

「動物が大好きでしたから、サファリツアーに行きたいというのは母の心の底からの夢でした。その頃、母のいとこが、商社勤めで、南アフリカの北東部、南アフリカ最大の経済都市である、ヨハ

※熱帯、亜熱帯の草原地帯

ネスブルグに滞在していたんです。まず、そのいとこを頼って行ってから、ケニア、タンザニアなどをずっと回りました。日本のサファリパークと違い、現地のサファリというと、狩猟を伴うものもあるそうだ。サファリと言っても『フォトサファリ』と狩猟、動物を撃つのを見る『サファリ』とあるんです。今から50年ほど前ですけど、その頃でも、狩猟はだいぶん、禁止されていました。もちろん私たちが選んだのは『フォトサファリ』です」

念願のアフリカの広大なサバンナを駆け巡る美しい肢体の動物たち。夢中でシャッターを切る記代子の傍らで、開放感に溢れた母の表情を眺める津貴子の胸に、日本での母の表情とはまったく別のものを垣間見て、重責の大きさがよぎったという。アフリカの野生動物が多く暮らすサバンナを持つ国々は、国立公園として動物の保護区を作っているところが多い。タンザニア、ケニアなど南アフリカの国には、それぞれ広大な国立公園があり、今も一部を除き禁止されてはいるが『サファリ』が行われている。

「サバンナはとても広いですから、ナビゲーターの方を雇いました。黒人の方で、視力が2・0以上あるんです。ですから、平原のずっと向こうに何があるのかわかるんですよ。その方が『あ、キリンがいた』なんて言うと、その時点では私たちには、ただの点にしか見えないんです。ジープをその点の方に走らせて、ずいぶん長い間走って、森の所まで来ると、その点が本当にキリンの群れだったんだと。そこまで来て、ジープを止めて、しばらく写真をパシャパシャ撮るんです。ある程度撮ったら、またジープを走らせて。それで、何日間か、アフリカの国立公園をずーーっと回って……それは素晴らしかったです。母は夢中でシャッターを押していましたよ」

長年の夢が叶った記代子も活き活きとしていたのはもちろんのこと、当時まだ20代前半と多感だった津貴子も、生まれて初めて見るアフリカには、様々な刺激を受けた。

「想像を超えた光景の連続で、とにかくすごく感動しました。あの、サバンナの、大自然の中の、動物たちの楽園て言うのかしら……ものすごく雄大で、しかも色んな動物たちが、行き交っているのを、遠くからですが見られるんです。タンザニアに『ンゴロンゴロ保全地域』っていう国立公園があるのね、そこには本当にあらゆる動物がいて、ずっと『フォトサファリ』をしたんですけど、本当に目の前に来るんですよ。ライオンも目の前で見ることができて、言葉が出ない程の感動でした」

日本にいては、想像もできないほどの、壮大なスケールの自然に囲まれた体験を、控えめながらもはしゃいでいるような記代子と、一緒に共有できたことがまた嬉しかった。

「『小さな赤ちゃんがいる動物は、獰猛になっているから気をつけろ』って、言われていたんですが、ある時、ジープを走らせていたら、サイの親子がジープに突進してきたんです……私も母も、『もうダメかもしれない』、と思って冷や汗をかいたんですが、結局運転士さんが機転を利かせて、よけてくれたから助かりました。そのサイは必死の形相にも見えましたよ。もしあのまま突進されていたら、死んでいたかもしれません。少し落ち着いてから、ガイドさんの指さす方を見たら、サイの子どもがジープの通った木のそばにうずくまっていました。ゾッとしましたけど、『守るべきものがあると、動物の親も強くなるのね』、なんて母と話しましたし、母が『動物も人間も子育ては命がけ、大事な命を守るため、みんな一生懸命なのよね』と言ったのをよく覚えています」

サイが子を守る姿は記代子と津貴子にとって、身の危険もあったが、印象深かった。想像していたアフリカの姿の一つには、広大な自然の中で厳しい弱肉強食が繰り広げられる世界もあった。目の前で起こったのは思ってもみなかった出来事――日本から遠く離れたアフリカの地で、津貴子の心に、自分の親、世の中の親に対しての畏敬の念が芽生えた。後に、この時のことは、自らも二人の子を産み育てる上でも、学校経営を職務とする上でも忘れられない出来事となった。

「うちにいらっしゃる多くの学生さんの親御さんたちは、楽あれば苦あり、楽しいこと苦しいことを、子育てを通して経験されて、命がけで子育てをされてきたと思うんです。そのお子さんたちを預けて頂くわけですから、親子二人の旅で起こったその出来事に意味はあったんだと思います」

人間も動物も命の尊さに関しては共通であるということを、考えるきかっけにもなったのである。

「それから、もう一つ感動したのが、ケニアのナクル湖でのこと。フラミンゴの生息地なんです。私と母と現地の通訳さん、ナビゲーターさんと、全部で4～5人で行きました。森を抜けると湖があるということで、車を降りて歩くことになって……そうしましたら、湖なのにオレンジ色なんですよ。母と、『アフリカの湖ってオレンジ色なのね』なんて話していて……ナビゲーターが湖のほとりへ行って手を二回、パンパンと叩いたんです。そうしたら、そのオレンジ色は全部フラミンゴだったんです。手を叩いたのに驚いて、全部飛び立って行っちゃって。その景色にはびっくりしました。湖いっぱいのオレンジ色の物体がバアーッと飛んで行っちゃって、一羽もいない湖はブルーになって……無言で母と見つめ合って、感動を超えた感動でした。今では、フラミンゴのそんな光景にはお目にかかれないようです」

感動と発見に満ちた素晴らしい旅……しかし、目にしたくない光景もそこにあった。『フォトサファリ』中に、本当の動物を撃つ、狩猟の『サファリ』に遭遇したことがあったのである。目の前で、動物を撃ち殺し、しかもそれを誇示する人々……。

動物が好きで、それが高じて、アフリカまでやってきた記代子にすれば、辛く、見たくない光景だった。

「温厚な母がものすごく怒っていて、『あんなことをするのは、人間じゃない、不愉快だ』って」

その後、記代子はとても辛そうな表情で、黙ってジープに揺られていたという。

とはいえ、全般を通して、とても刺激に満ちた旅だった。今よりも、物流、通信面において、ことごとく違っていた時代。ものも人も情報も届くのに、はるか長い時間がかかった時代である。当時、日本人にとってのアフリカは、異次元の世界だといっても過言ではないかもしれない。

「私たちが行った頃は、あちらの方はみんな、ほとんど日本人のことを知らないですよね。ケニア、ナイロビなどの都市部には和食屋さんはあるんですけど、日本料理屋がほとんどありませんでしたし、日本人がやっているものではなかったですしね。今でも海外の日本料理の板前さんていうのは、日本人は全体の2割もいないと聞いています。円高になってしまったのもあって。まして当時なんて全然いなくて、特にアフリカには少なかったと思います」

見るもの聞くものすべてが、まるで別世界であった。サバンナに暮らすのは動物だけではない。今も伝統を守り、自然の中に生きる少数民族もいる。

「マサイ族の村に行った時は、そこの子どもたちに囲まれました。彼女たちは、カーリーヘアなんですよ。私みたいなストレートヘアは、すごく珍しいんですね。私、当時、髪を伸ばしていたんですけど、その髪を、みーーんなが引っ張るんですよ、もう大変でしたよ（笑）。母は、そんな様子を『津貴子さん、日本でいると普通なことが、ここに来ると普通でないのが分かるわね』なんて、少しおもしろがって見ていました」

ヨーロッパにはすでに、何度か行っていた津貴子、さらに回数を重ねていた記代子にとっても、アフリカの地は格別、すべてが新鮮だった。

「ホテルもね、大自然の中にポツンポツンとあるんです。サファリのためのホテルなんで、外が見えるように、ガラス張りになっているんですよ。そのガラスを挟んだ外に、両手いっぱい広げたくらいでは足りないくらいの、大きな鳥が飛んで来て、置いてある餌を食べるんですよ。日本では絶対にいない大きさの鳥で、それが目の前で見られるんです」

ケニアで宿泊した『ツリートップスロッジ（TREETOPS LODGE）』も、忘れられない。このホテルはケニアの首都ナイロビから車で約4時間、アバーディア国立公園内にあり、その名の通り、高い木の柱の上に建つ木造のロッジである。『このホテルに登った時王女だったが、このホテルを降りた時には女王になっていた』と、イギリスのエリザベス女王が宿泊し、木の上で王位を継ぎ女王になったという由緒正しきホテルである。

「『エリザベス女王もこんなところまでサファリに来るのね』、って、なんだか不思議な気持ちになったのを覚えています。バルコニーにお猿さんが入ってきたりもして、部屋にも動物が入ってくるから、ハンドバッグや大事なものはその辺には置かないでという注意書きもあって……。ホテルの庭には池があるんですが、その周りに塩をまいておくと、夜中にゾウとかサイとかが塩を舐めにくるんです。それをじっくり、目と鼻の先で観察できるんです。それはそれは壮観でした。母が『動物園だと動物が檻に入るのに、ここでは人間が檻に入るのね』なんて言って、痛く気に入っていました」

そのホテルはイギリス色が濃く、ティータイムがあり、格式ある食器で紅茶やスコーンなどが出ていた。

「時々いたずら好きな猿が、スコーンやクッキーを取りに来たりして、お客さんから喚声が上がって、ボーイさんが走って行って追い払うんですが、母は、取られても涼しい顔をして、紅茶を嗜(たしな)んでいて、やっぱりその状況を楽しんでいましたね」

津貴子は、親子共に、旅自体を楽しみ、感動を分かち合っていたが、旅行中、母がこれほど、動じず、不測の事態、状況を楽しむ人である、というのを実感もした。唯一母の激しい怒りを見たのは、狩猟のサファリの一件であった。後日談として、日本に帰国後、その時の悔しさ、憤りを経験した津貴子に、対比として、自分の子を守ろうと突進してきたサイも引き合いに出し、記代子は、料理家として、食材、野菜、果物、牛、豚、卵など、生き物の命を載くという行為、ありがたさについて、自分に言い聞かせるように語ったという。

記代子は、なぜそれほどまでに、動物に心を寄せたのだろう。単に好きだったから、というだけでは語りきれないほどのスケールである。犬を飼うといっても、常時20匹～30匹、多い時で50匹という数、さらに鶏まで飼って、挙げ句、アフリカまで野生動物を見に遥々飛んだのである。

かつて、道政、記代子の下で料理の勉強をし、学校にも籍を置いていた、現在『学校法人文理佐藤学園』の理事長である佐藤英樹氏。記代子のことをよく知っており、記代子の動物好きについて今でいう〝アニマルセラピー〟に通じるものだったのでは、と言われたことがある。

「記代子先生は、趣味の点で言えば、〝アニマルセラピー〟という、動物と触れ合うことでもしかしたら、ストレスを軽減させたり、活き活きさせたりといったりしたことを通じて、精神的な健康度を保っていたのかもしれませんね」

動物と心を通わせて、安らぎを得る、心と身体を健康にする、触れ合うことで、人と動物がお互いに幸せになる。そんな、想いを抱いて、動物たちと触れ合っていたのかもしれない。

実際、記代子は、どれほど多くの犬がいても、毎日、その一匹一匹に向かって話しかけていたという。

「仕事が終わって家に帰ってきてから一匹ずつ話をするんです。ワンちゃんたちは、母に話しかけられるとそれは嬉しそうで、待っているんですよね。当時の手紙を整理していた時に見つけたんですが、母が出張時に『ちゃんとワンちゃんに一匹ずつ餌をあげて、話しかけて下さいね』と書いたものが出てきました。外国に行く時は、『いい子ね、いい子ね』って話しかける自分の声を、母はテープに取っておくんですね。そうすると、ワンちゃんたちは、テープの所に飛んでくるの。母の姿はないでしょ、もう大変ですよ、ワンちゃんたちはテープだと思ってなくて、母がいると思って家中を探して回るんですから」

手間を惜しまず、時間を惜しまず、犬一匹一匹と向き合う。それは、動物たちのためであると同時に、自分のためでもあった。

「晩年は、お手伝さんはいましたけど、一人暮らし。でも、犬たちがいましたから、寂しくなかったんではないかな、と思います。仕事から帰って、一匹一匹毛並みを見て……『今日は食欲があまりないのね』、『いい子にしていてえらいわね』なんて……それがストレス解消でもあったんでしょうね。お酒も派手な娯楽もやらない人でしたから」

動物たちに囲まれて穏やかに過ごす人生——それが記代子の望みだったのかもしれない。しかし、現実は穏やかどころか、激務続きだったと言っても過言ではない。

夫、道政の借金、学校を再建したと思った

矢先の突然の死……、校長就任……。

「母は本当に動物が好きで、活き活きとしている秘訣だったとも思うんですが、あまりにも忙しかったので、動物の数が増えると、睡眠時間を削るようなことにもなって」

動物に一匹一匹声をかけていたが、もちろん、学生たちをはじめ、スタッフに対しても、一人一人にちょっとしたことでも声をかけて、顔色が悪かったり、いつもと違う様子を見せたりする周囲の人にも敏感で、気遣っていたという。

「母がこれもアフリカ旅行の後に言っていたのですが、『津貴子さん、人間でも動物でも、植物でも、ものでも、自分の存在というものを認めてくれる場所にいるのが幸せの一つでもあると思うの。料理を作る上での、丁寧さにもつながるのよ。丁寧さはやっぱり愛情がないとできないから、愛情のこもった料理に勝るものはないと思うのよ』って」

運命とは皮肉なものだ。自分を取り巻くすべてに、力の限り愛情を注いだ記代子は、その深い愛情ゆえに睡眠を削って命を縮めたのかもしれない……。

「とにかくじっとしていられない性分みたいで、仕事以外の時間も、目いっぱい予定を入れていて、どこか生き急いでいた感じもしますね」

記代子が亡くなった後、『服部栄養専門学校』は津貴子の兄、幸應が校長になり、津貴子は兄を支えていくこととなる。

「私は、いつも母が忙しかったものですから、親の愛みたいなものに、多分飢えていたんだと思うんです……小学校の頃から家に帰ると、いつも母がいなかったので、すごく寂しかったです。ですから、自分の子どもにはそういう寂しい思いはさせまい、とずうっと思っていたんです」

母についての唯一の抵抗を覚える点、反面教師とした点がこれである。

——子どもと一緒にいてやりたい。私が味わったさみしさは、繰り返してはいけない。

しかし、状況はそれを許さなかった。

「私は子どもが大きくなるまでは、きちんと母親をやろう、そう思っていたのに、長男が二歳の時に母が亡くなってしまって……その亡くなった次の日から、もう仕事をしなければいけなくなっちゃたんですよ。母が亡くなるまで、私とべったりだったのに、急に私がいなくなりましたから、長男はちょっと大変な時期もありました。お手伝いさんに来てもらってはいたんですけど、私が『バイバイ』って出かけると、その後長男がしばらく玄関に立っているんですって。『もう困りました、ずっと玄関にいて……』と言われて……」

自分が味わったさみしさを、子どもには味わわせたくない、と思っていた津貴子が、同じことをしているという、罪悪感のようなもの。子どものことを考えると、胸が張り裂けそうにもなる。陰鬱な気分になりそうでもあるが、学校運営、経営に待ったはない。否が応でも向き合うべき課題、問題は山積みであった。

自身が会長となり、父亡き後の母の置かれていた状況、気持ちも分かってくることもあり、また、母の出張に伴って、また、貴重な休みを共に外国で過ごした思い出も、再び鮮明に蘇ってくることもあった。

「自分が母と同じような立場になり、わかったこともあります。さみしい思いもしていたのですが、母が私たち兄妹と一緒にいられる時間をなるべく作ろうとしてくれていたこと。その時の全力で向き合ってくれていたこと。お料理を、心を込めて作ってくれていたこと。お誕生日やクリスマスには、私たち兄妹が喜ぶ料理やプレゼントを必ず用意してくれていたこと。そういったことが絡まっていた糸がほどけるように、するするっと自分の中に降りてきたことがあって……母の重責にも理解が追いついたというのもあります。ただ、やはり、できることなら母親として、子どもといっしょに、物心つくまではいっしょにいた方がよかったんじゃないかと思っています。できる範囲でもいいから、時間を上手に向き合ってあげることが必要だというのも、母を通して、母の通った道を自分が辿ってみて思いました。もちろん、簡単なことではないとは思うんですけど」

記代子の死の翌年、1978年の一月に次男が生まれた。怒涛のような日々の中、職務と子育てに勤しみながら、母への理解も深まっていく中で、授かりもの、母からの贈り物かもしれないと、喜びもひとしおだった。

「次男は母のお誕生日と同じ日が予定日で、母の生まれ変わりではないかとみんなに言われたのですが、男の子だったんです」

他方、その一年の間には、記代子がかわいがっていた動物たちを、慎重に養子に出していた。

「よくよく考えて、かわいがってくださるという、知人の方たちに引き取ってもらいました」

お世話になっていた獣医さんにも多大な協力をしてもらった。

「母が亡くなった夜、獣医さんの家のインターホンが鳴って、こんな夜更けに誰だろうと扉を開けたけど、誰もいなかったと。その時、獣医さんは、『ワンちゃんたちをよろしくお願いします』という声を聴いたのだ、と話してくれました。母にとって、ワンちゃんたちは家族であり、生きがいの一つにもなっていたのかもしれないと」

記代子は父道政の突然の死により、40歳で校長に就任した。幸應20歳、津貴子17歳の時であり、一般的には手のかからない年頃である。

「私は、突然会長になり、目まぐるしかったですし、重圧もあって、何とか、父母の残した学校を守らなければならない、というのは当然あったのですが……子どもたちがいたから、張りがあって頑張れたというのもあったのです。母も、動物は元々好きでしたけど、ワンちゃんたちを心から愛していて、子どものように思っていたのではないかと、次男を授かってから思い至るようになったのです」

津貴子の子どもたちが、手がかからないようになっていくにつれ、安堵も覚えたが、母の動物へ抱いていた思いが、一層わかるようになったのである。

5章　服部を継ぐもの

―脈々と伝わってきた伝統―

津貴子が力を入れていること。それは三つある。

一つ目は、栄養学を取り入れた料理を教えるということ。

二つ目は、料理の心を教えるということ。

三つ目は、『食育』の概念を世に広めるということである。

一つ目の、『料理を教えること』、とは、『服部栄養専門学校』やその他の講座といった機会を通じ、直接指導していくことであり、つまりは、父道政、母記代子の辿った道を、引継ぎ、継承していくことであると言えるだろう。

時代の変化に合わせて、料理や教え方などを変える点はあるとしても、基本的には、先代から受け継いだことを次代へ伝えていく、それが津貴子の考える自分の使命である。

「私が、小学校、中学校の時に、誰かに『何になりたい？』と聞かれた時、迷いなく答えていたのが『学校の先生』でした。父も母も、確かに学校の先生だったかはわかりませんし、父や母の後を継ぐというつもりで言っていたのではないと思います。服部栄養専門学校の先生というわけでなく、広い意味での先生、一般的な学校の先生です。何かを教えていくとか、そういうことは思っていたのですね」

自宅に同居する大勢の学生さんたちや、料理を習いに来るご婦人方に、熱心に教える父母の姿を見て、教える、学ぶということの意義に早々と気づいていた津貴子。また、教える側である父母のやりがいや気概のようなものを、肌で感じていた少女時代。

「小中高と進んで、短期大学で栄養士の資格を取得したんです。そうしたら、母がすごく喜んでくれて、料理の道に進んでくれるのではないか、という期待以上のもので、『もうやるしかないのかな』と思いましたね。母が亡くなった後も、料理の道へ進み、後進を育成していくというのが当たり前のような感じで、現在に至っています」

教えることに情熱を傾け、誰に対しても丁寧で平等、学生が、料理の技術を身に着け巣立っていくのを喜びにしていた母を尊敬し、そんな母からの期待が嬉しかったそうだ。

「うちにいらっしゃる学生さんは、料理をまず好きな人が多いです。他には、ご自分でレストランとか料理屋さんをされている方、旅館とかホテルをやっている方、食通でリッチな方も結構いらっしゃいます。それから将来サラリーマンではなく、ご自分のお店を持ってレストランを開業したいという方です。栄養士科には、病院に勤めて、献立を作りたいとか、食育を学びながらおいしい病院食を作りたいという方。最近は、変わってきましたけれど、病院食はおいしくない、というイメージもありますからね」

創立82年、一流の調理師、栄養士、パティシエ、ブランジェ（※）を育てるためのカリキュラム・設備・講師陣を備え、就職実績は調理・栄養・製菓専門学校の中でもトップクラス。国内外の一流の講師陣から、料理のセンスとノウハウを吸収できる学生にとっては願ってもない環境。ここに至るには、創業者道政の代から積み重ねてきた、歴史、ノウハウがあってこそである。

何より、料理とは何たるか、料理の心を教えていくという気概は、代は替われど、脈々と受け継がれてきているのである。

『料理の心を教える』とは、単に料理に関してだけではない。『服部栄養専門学校』創業者である、父道政も徹底していた、人としての礼儀も含んでいる。

「家庭内でも『おはようございます』、『おやすみなさい』、『いってらっしゃい』、『お帰りなさい』、『いただきます』という、基本的な挨拶があるとないのでは、随分、雰囲気というかコミュニケーションの質が変わると思います。家庭のあり方にまで影響するのではないでしょうか。そういった基本的な家庭内の挨拶ですら今薄れてきている気がします。うちに入っていらっしゃる学生さんたちも、挨拶できない、しないという人もいるんです。聞くと、家庭での挨拶がなかったり、曖昧だったり。うちに入って来たから

※パン職人

真ん中が幸應［20代後半］

には、挨拶を猛特訓して教え込みます」

『服部栄養専門学校』では、以前は、入学するとすぐに一週間程度のオリエンテーションがあり、学校の規則、カリキュラムなどについて説明があった後、次に、三日三晩、研修施設にて、様々なセミナーがあり、言葉遣いも含め、繰り返し教えられていた。

「研修から戻ってくると、皆が挨拶をできるようになります。挨拶がいかに大事かを理解するからだと思います。先生と生徒、生徒同士でも、もちろん外部の方に対しても。学校に通っていくにつれ、身について、どこにいっても挨拶できるようになります。そうすると、職場に行っても、『ああ、あの人はきちんと挨拶できる人だ』、『じゃあ仕事もきちんとできるだろう』、となり、仕事を任せてもらえるようになるんです。今は、宿泊はしませんけど、校内でオリエンテーションの後セミナーを実施し、挨拶の大切さについて教えています」

父も母も、どんな人にでも欠かさなかった挨拶。母にしては、飼っている動物でさえ、愛情をもって、『おはよう』、『ただいま』の挨拶を欠かさなかったほどである。

「母には、言葉一つで人間も動物も変わるものだなというのを、身をもって教えてもらった気がします。もちろん挨拶の大切さというのは、父母祖父母から、教わっていますが、挨拶をすることで、相手の心が動く、動くきっかけになるということを学んだ気がするんです。それは料理の心とつながります。

職場の人が、言葉遣いが悪いとそれがうつってしまうんですね。ですから、自分をしっかりと持って、きちんとした言葉を使うようにした方が、その人のためにはいいと思っています。私の母の時代、祖父母の時代というのはまだまだきちんとした言葉を使っている人が多かったのですが、段々変わってきているように思います。私も汚い言葉を使いそうになると、母が見ているような気がして、それで思いとどまったりしますね。『予期につれ悪しきにつれ、自分の言葉で相手も変わる。自分のしたことは自分に返ってくる』と、母も折りに触れて行っていたのを覚えています」

言葉は言霊、自分の内側から出るものだと自分を律していた父。娘から見ても、美しい日本語を、例え独り言でも保っていた。

「母はやっぱり言葉のきれいな人でした。今だったら、もしかしたら、母の生真面目な性格もあって、お高くとまっているとか気取っているとか、言われちゃうかもしれませんけれど､それが自然だったんです。やさしい話し方で､当時をご存知の先生方は皆『記代子先生は本当にやさしい方だった』とおっしゃいますね。それは、言葉遣いの印象が大きいんじゃないかと思います。学生さん、皆さんにもきれいな言葉を使ってほしいと思います。その方が、ご自分自身が幸せな方向に導かれるのではないかと、私は信じています」

書生さん、お手伝いさんなど常にたくさんの人が同居していた服部家。『おはようございます』から始まる朝は、一日を気持ちよく過ごす基本であること、互いに挨拶をすることで、家族としての一体感を持ち、互いを尊重し、思いやりの心につながるのだということを、日常生活の中で、子供の頃から体感してきた。

単に『挨拶をしなさい』、というのではなく、挨拶をすることは自らの心を開き、相手を認め、リスペクトする最初の一歩のようなものであるということ、相手のことを認めるということは、自分も相手から認められるステップになるということ、この考え方は、服部家内で自然と共有されていたのである。

料理の心としては作り手だけでなく、受け手である食べる方のマナーも大事であるという教えも、父道政、母記代子の代から変わらない。

「私は仕事柄、料理関係の学校の方々とか、レストラン関係の方々、最高級のお食事を経験してきています。

私は、フランス留学から帰って25歳くらいから、すぐうちの学校で授業を持って、学生の海外研修を引率していったんです。40歳くらいまで引率しました。ヨーロッパへの研修旅行です。例えば、パリの魚市場のようなところに毎朝3時くらいに行くんですね。日本でいう築地や豊洲市場みたいなものです。そうすると皆そこにいる人たちが、呆然として、『なんでこんな子どもたちがこの時間に見学に来るんだ』って言うんですよ。うちの学生さんたちは、だいたい18歳から20歳くらいなんですが、中学生くらいにしか見られないんです。日本人は若く見られますからね」

学生を連れての三ツ星レストランでの食事も、海外研修当初は驚かれたという。

「ヨーロッパの三ツ星レストランはほとんど行きました。若い20歳ぐらいの学生が、三ツ星レストランに行くってことは考えられなかったんですよ、外国でも日本でも。『服部学園』ではそれが勉強になるということで、研修旅行を行いました」

若い学生を、しかも何百人も、ヨーロッパの三ツ星レストランの視察ができたのは、欧州の並み居るレストランのシェフを、いち早く日本に講師で招いてきた実績があったからである。そうでなければ学生の団体など門前払いという時代だった。

記代子（30代半ば）

「それまでのお付き合いがあったので、コンタクトもスムーズで、どのレストランも快く受け入れてくれました。本当に学生さんたちにとっても、同行した先生たちにとっても素晴らしい経験となりました。すべてがきちんとしていますしね。若い子たちには、本当の所はわからないと思うんです。ですけど、やがて社会に出て、経験を積んでから、後になって本当に素晴らしかったとわかるんですね」

実際、卒業生たちからそういった声を聞くこともあった。

「例えば、ドレスコードというのがあります。昼だったからこれくらいの恰好、夜ならこれぐらいの恰好、パーティーならイブニング、昼間ならカクテル……日本では、今そういうのがなくなってきていますでしょ。きちんとしたパーティーなのにジーパンみたいなカジュアルな恰好で失礼だとは思っていない。敢えてかっこいいと思ってしまっている人もいるようです。その場に敬意を払っていないというのに気づかないんです。正装するということは、相手を立てることですから、きちんとする時はきちんとするというのを、若い人たちにも学んでほしかったんですね」

テーブルマナーを家庭にて自然と覚えた津貴子は、母記代子の傍らで、ＴＰＯでの衣装替えについて、当たり前のように身に着いたようであった。

「母もおしゃれが好きな人でしたけど、場によって、簡素な恰好、ドレッシーな恰好、など、様々な場面で使い分けていました。ヒールの靴、アクセサリーなど細部に至るまで、ぴったりと合っていて……職業柄、食事を伴う場面では香水も付けていませんでしたが、場面によっては香りについても楽しんでいました。使い分けることを楽しんでいるようにも見えました。『おしゃれは時と場所と場の目的にかなってこそよ、敬意を表す手段でもあるから』って」

ドレスコード＝ブランドさえ着ていればいいという風潮は違うというのも、母の着こなし、ワードローブから学んだ。

「母は和装も洋装も、母に合ったスタイルで着こなしていました。高価なものは確かに素材がよかったり、仕立てや縫製、ボタン一つにも拘ったものが多いですし、いいものだというのはわかるんですが、自分の体形や髪色などに合ったものを、着るというのが、その方に合ったおしゃれだと思うんです。その上で、場面を考えての装いが、内面や品格を表したり、底上げをするというか……海外ではマナーを忘れた日本人なんて言われることもあると聞きます。日本人はブランド好きというイメージがあるみたい。例えば、超一流ブランドのTシャツだから何万円もしたから、きちんとしたパーティーに着ていってもいいのだというようなことは違うと思うんです。ヴィトンの靴だからスニーカーでもいいでしょう？とかいうことではないですね。恥をかくのはご本人なんです。ですから、マナーは知っておいた方がいいと思いますね」

ヨーロッパの貴族の血筋をひく誰もが知っているような若い著名人が、きちんとしたパーティーでカジュアルな服装をしたとする――それは知っていて敢えて崩しているのであって、それを見て真似をする人がいても、恥をかくだけだという。

「決める時は決めないといけません。ですから、学生さんの正装のために、うちは制服があるんです。正式な席ではすべて制服なんですね。それこそ今の若い人たちが、下着みたいな恰好で出てきたら困るから。着飾るというのと、別次元ですよね」

料理を作る際の心構えについても、『服部栄養専門学校』で重点を置く教育の一つである。

「料理作りは心を込めないと、よくできないんですよ。マニュアル通り作っても何か足りないんですね。うちは学生のテーブルが教室に10台ありまして、一台につき4～5名で先生が教えてくれた料理を作るんです。10台各々違う料理になると本当にその人の心が出てしまうんです。ですから、イライラしている時に料理をしても、まともにできないとか、心を和やかにしないと、家族のためにいい料理ができないですしね」

現代は、日本の若者の5人に一人が精神を病んでいるというデータもあるという。

「精神を病んでしまうと仕事に支障が出たり、できなくなったりする場合もありますし、ご家族も大変ですよね、やはり食べ物にも気を付けてほしいですね。添加物に注意してほしいです。健康志向で、コンビニの商品のラインアップも変わってはきていますが、世の中には添加物入りの食品がまだ溢れています。一種類か二種類程度で成分がわかっているのならいいんですけど、一つのものに10種類とか入っているものもあるんです。添加物が入ることで、素材そのものの味もわからなくなって、添加物の味が素材の味だと思ってしまう人が増えてきているように思えます」

祖母、母から、幸應も津貴子も、食事の仕方については、幼少時に厳しい指導を受けた。

「3歳くらいまでに食事の仕方、お箸の持ち方も含めてきちんと食事をさせる、きちんとしたものを食べさせる。できれば、昆布と鰹節でとったお出汁で作ったお味噌汁を食べさせる、添加物を使わない味に慣れさせるといいんですね。最近では無添加の出汁パックも出ています。小さい時に添加物の味に慣れさせちゃうと、それが当たり前になっちゃうんですよ」

料理で、食事で世の人が健やかに育ってほしい、そういうことをふまえた料理人を育てたいというのは、初代から変わらぬ思いである。二代目校長となった記代子も家庭の台所を預かる身としても初代と同じく重点を置いていた。

「今は、すべてがコンビニという人、ほぼ毎日デパ地下のお弁当、お惣菜で済ませるという人もいます。ランチを毎日ファーストフードで摂る方もいます。そうなってくると、よほど気を付けていないと、偏りが出てしまいます。偏った栄養素だけでは、大人も子どももイライラしてくることもあります。こういったことも授業で伝えていきます。具体的にデータを出して、科学的にも教えています。食は人を幸せにするもので、そのためには健康第一ですから。きちんとした食生活を送るためのノウハウを教えるわけです」

日本でも一年間に約612万トンもの食べられる食料が捨てられており、これは東京ドーム5杯分とほぼ同じ量で、日本人一人当たり、お茶碗一杯分のごはんの量が毎日捨てられている計算になる。

フード（食品）ロスの原因の一つは、スーパーマーケットやコンビニエンスストアなど小売店での売れ残りや返品、飲食店での食べ残し、売り物にならない規格外の品といった事業系のフードロスで328万トン。もう一つの原因は、家での料理の作り過ぎによる食べ残しや、買ったのに使わずに捨ててしまうこと、料理を作る時の皮のむき過ぎなどの家庭系食品ロスで284万トンにも上る。

「学生さんたちには、『食べられるものを捨てないようにしてちょうだい』と言い聞かせます。捨てないできちんと料理して食べきること、食べきるには無駄買いをしないこと、というのからはじまって、世界には食べられない子どもたちがいて、世界の飢餓人口の増加は続いており、2017年には8億2100万人、9人に一人が飢えに苦しんでいるということです。水さえ飲めない、食べるものがないという状況を想像できますか？　日本人はその人たちが食べられる量の食料を捨てているわけです。そういうことを教えると、学生さんたちは『食材を無駄にするのはよくないことだ』というのを気づいてくれるんです」

スーパーやデパ地下の閉店直前に、足を運んでみてほしい、まだまだたくさんの食べられる量が残っているからと。

「あれらは捨てられちゃうんです。ものすごい量になります。もったいないですよね。

欧米はフードロス解消の先進国で、アメリカでは１９６４年にアリゾナ州でフードロス削減活動がはじまり、フランスでは１９８４年にパリ郊外でヨーロッパ初のフードロス活動が開始されています。まだ食べられるのに廃棄される食品を、無料で回収して、親のない子の施設とかにもっていって活用したりしているという」

日本経済が上向いていく時代、父道政、母記代子の時代にはなかった、贅沢病ではとても済まされないフードロスという、国、企業、個人まで関わる社会問題。

「無駄を承知で作って、承知で流通させるわけですね。私ね、添加物があまりにも世に溢れているので、それを管理している省庁に意を決して聞きに行ったことがあるんです」

その答えを聞いて、津貴子は学校での食品の無駄についてしっかり認識した、料理人をこれまで以上に育てていこう、と強く決心した。

温度管理、生産管理について様々な技術が可能になった現在、季節を問わず手に入る野菜、果物などの食材も消費者まで当たり前のように届くようになった。

「先人たちから連綿と受け継がれる食事の知恵、それを私自身大事にして、後世に伝えていきたいです。服部家では、四季折々のものを作って食べて、それが当たり前だと思っていました。生まれた時から見てきたと言っても過言ではありません。

ですが、世の中の変化も感じます。私も、20代で子どもを二人産んで、ワーキングマザーとしてやってきた面もあり、もちろん忙しいなら忙しいなりに便利なものを使うということはありますけどね。お手伝いさんがいたとはいえ、常にはというわけにはいきませんから、なるべく家にいる時はちゃんとしたものを食べさせるようにしたいと思って、特に子どもが小さい時は苦労しました。

そんな食事に関する様々なこと、先々代、先代から伝わった知恵や科学的な裏付け、それを学校で一つ一つ教えていくこと、今日明日という即効性のあるものではないですが、手ごたえは感じています」

『服部栄養専門学校』は、方針に『勇気・愛情・誠実』を掲げている。

●勇気とは

料理や献立を作る場合、基本を忘れずに、思い切って材料、食材、調理法など勇気を持ってチャレンジすること。

●愛情とは

料理を作る時は、心を込めて、食べる人の気持ちやコンディションなどを考え、火加減や塩梅を計ること。

●誠実とは

料理を作る時の食材や調理法に対して、感謝の気持ちを忘れず、誠実に向き合って、決して手抜きをせずに、丁寧に作り上げること。

以前フランスから三ツ星レストラン『アルケストラータ』のシェフ、アラン・サンドランス氏を招聘した際、聞いた言葉に感銘を受けたという。

「『愛は火である』とおっしゃったんですね。火というのはつまり火加減——愛が強すぎて火をぼうぼう出しすぎると料理は焦げてしまいます。焦げてしまったら食べられない。ところが、火加減が弱すぎると、煮えても水っぽくなって素材本来のおいしさを失ってしまいます。いい塩梅というのがやはり大事。

人間でも愛情が強すぎると甘やかしてしまう、少なくとも白々しくなっていしまいます、ですから『ちょうどいい愛情というのが必要だ』と言われて『あ、なるほどな』と」

忙しかった父と母であるが、特に食というものを通して、自分が親となってから、様々な場面で両親がかけてくれた愛情を思い出すこともある。

「子どもに対する愛情っていうのも同じだと思います。家族に対しても同じですね。栄養過多、強すぎるとダメ、病気になります、カロリーもそうですね、塩分も糖分も多すぎちゃダメ、ちょうどいい塩梅というのがあるんです。愛情というのは、ちょうどバランスがいいんです。だってあんまり愛しすぎてどちらかが重く感じちゃうとか、極端な例は事件に発展することもあるでしょう」

他にも、兄幸應、津貴子と共に力を入れているのは『食育＝①サステナビリティ（持続可能性）、②バイオダイバーシティ（生物多様性）、③エコロジー（自然環境保護）の3つを基本とした食に関する教えのこと』である。

「いいものを継承していくという意識はありますね。特に現代人は多くの人が、食べ物のアンバランスから生活習慣病で亡くなっているんですね。ですから、体にいいものを食べてもらう、健康な食生活を送ってもらうというところが服部からの提案なんです。そのために、『食育基本法（※）』を作ることにも尽力してきました食に関してはこだわっていいものを作っていきたいです」

食に関する正しい知識・適切な食習慣を、子どものうちから身につけることは、一生涯心と身体を健全、健康に保つのに欠かせないという観点からできたこの法律。日頃の食生活というものがいかに大事かというのを折に触れて、説いてきた。

「『食育』とはまず食材を大事にすること。そして旬のものをいただく、それが身体に

※2005年に制定された『食育』の基本的な理念を提示した法律

一番いいわけです。夏にはキュウリ、ナス、トマトなど夏野菜がいいんです。夏野菜は、エアコンのない時代ですと、体温を下げる効果があるんです、身体を冷やすんですね。スイカなんかを食べると体が冷えます、冷えすぎてはいけないので、お塩を付けるんです。お塩を付けると体が温まるんです。

それと、『秋ナスは嫁に食わすな』という言葉があります。ナスは夏野菜で、食べると身体が冷えるでしょ。もしおなかに赤ちゃんがいると早産に繋がってしまいます。

冬になると、ダイコン、ホウレンソウ、ブロッコリーなどが市場に多く出てきますけど、それら冬野菜は身体を温めるんです。ダイコンは生で食べるよりも煮て食べる、おでんもそうですね、より温まるようになんですよ。ホウレンソウ、シュウ酸が多いので茹でて食べます。シュウ酸を除いてから食べた方が、ミネラルを吸収できるんです。夏野菜は身体を冷やすし、冬の野菜は身体を温める。自然の力ってすごいですよね」

『食育』には、服部の方針としてすでに上げた、料理の心がベースにある。

「食材ついてよく知って、どういう効果があるのかをきちんと抑えておかないと。冬に夏のものを作ったりしていてそれは便利な一面もありますが、やっぱり旬のものは旬の時期に食べた方がおいしいですし、総じて栄養価も高いんですよ。何もわざわざ夏に冬の食材を食べる必要もないし、その辺もまず身体のためを考えないと……今は一年中何

左から幸應、小泉純一郎氏、小泉信子氏、津貴子

でもあるからわからないんですよ、何が旬のものか。それどころか、一番収穫できる時収穫しすぎて安いからと捨てちゃったりするという。それこそ最悪の事態ですよ！」

『食育基本法』に関しては、幸應、津貴子、料理界、関係各界の専門家が結集し、国が絡んで真剣に食のことを考えていかないといけない、日本人の食生活は危ないということで、長年、国に働きかけ、小泉内閣の時代に法律を作る運びとなったという。

小泉家というのは、食をとても大事にしており、小泉純一郎元総理も、子どもの頃から、『風邪をひいたらこれを食べる』、『胃腸の調子が悪い時はこれを』という環境の中で育っており、『健康で一番大事なのは食生活』、『食は文化――食事は人間関係を作る面において最も基本的な大事なもの』と、述べるなど食の大切さを強く認識していた。

「当時、東京・四谷の御酒(みき)塾で毎月開催された日本酒の試飲会『水酔会』で、ご一緒させて頂いた『社会環境研究所』の筒井光昭所長が、小泉純一郎元総理のお姉さまである、小泉信子さんをご紹介して下さいました。信子さんは、とても聡明で美しい方で、お話もためになるし、楽しくて、何度か交流させて頂く中で、信子さんに、『食育』の話をすると、理解を持って聞いて下さいました。『食育』の法律を作る上での道を開いて下さった恩人です」

交流が続くうちに、次のステップとして、厚生大臣室にて当時厚生大臣だった小泉元総理に『食育』の話をする機会を持つことができた。

「小泉元総理は『食育』の話を聞くなり『うん、いいね、それ』『大事だと思う』とおっしゃいまして……その流れで、服部幸應を厚生省での『食育』の講演の講師としてお招き下さり、主催・参加された国会議員、政府の方々にも理解が深まっていき、法律化へと道が開いていったんです」

決して容易ではなかった。少しずつ、『食育』の法律化への扉が開いていったのだ。

「当時、筒井所長には『食育』の法律化のきっかけ作りをして頂きましたし、筒井所長の御盟友であり、雪氷を利用し地球温暖化やヒートアイランド現象の問題解決を図るための活動を推進されている、NPO法人雪氷環境プロジェクトの小嶋英生理事長にも筒井所長と共に支えて頂きました。たくさんの方の、協力や励まし、後押しがあって実現したのです」

『食育基本法』制定については、下記の7項目に起因する。

①「食」を大切にする心の欠如
②栄養バランスの偏った食事や不規則な食事の増加
③肥満や生活習慣病（がん、糖尿病など）の増加
④過度の痩身志向
⑤「食」の安全上の問題の発生
⑥「食」の海外への依存
⑦伝統ある食文化の喪失

「若い時から学校で自分は何を食べたらよくて、健康になるのかというのを教えてあげ

るように、というので啓蒙活動に国から予算が付いたのです。小中学校の家庭科の時間に、何を食べたらいいのかというのを、もっときちんと教えてあげる。今、お母さんたちが知らないから子どもに教えられない、というので、学校で教えるしかないんですよ。働くお母さんも増えて忙しいですよね、お父さんも昼は毎日コンビニ、カップラーメンという方もいらっしゃいますし、食生活のバランスが悪くなることがあると思うんです」

　病気を防ぐためには、野菜を中心としたバランスの摂れた食生活が必須だが、意外なことに、日本人の野菜の摂取量は少ない。

「食事だけでなくちょっとした運動を組み合わせて、病気を防ぐというのはありますね。今は何でも手に入って、好きなものだけ食べるという偏った食生活の方も多いんですね。男性は野菜も不足しがちです。アメリカはジャンクフードのイメージがありますが、日本人より野菜を多く食べています」

　２００７年の、一日一人あたりの野菜供給量国際比較では、中国がトップで約７６７グラム、第2位は６５９グラムでギリシャ、韓国が第3位で５８５グラム、スペイン４２８グラム、至イタリア４１６グラム、アメリカは３５０グラムで、日本は世界１７７か国の平均値２２５グラムは上回っているが、10位で２９０グラムとなっている。

「コロナ禍の前は、日本の男性は外食も多くて、夜も家で食べないことも多かったですよね。子どもがいれば子どもがごはんを食べる時間に帰ることができないのが普通ですよ。ですから、遅い時間まで仕事をして、小腹がすいてお酒を飲んでおつまみを食べてというような……枝豆ぐらいは食べると思いますが、フレッシュな野菜というのはあまり食べないんではないでしょうか。炊き合わせの野菜とか、ステーキの付け合わせの野菜も残す方も、度々見かけます。好きなものだけ、お肉、唐揚げ、ごはんというような組み合わせですと、野菜がないですよね。ですから、栄養が偏ってしまうんですよね」

提供する側もあまり野菜を用意していない場合も、あったようだ。

「今は健康志向が上昇して、野菜を意識されているお店もたくさんありますが、例えばカレー屋さんに行きますと、サラダはありませんということがあるんですね。若い人には、サラダにお金をかけるのがもったいないという方も……丼物ならそれだけ食べたりして、カツ丼であれば、野菜はほとんど入っていないでしょ、玉ねぎがちょっとくらいかしら、それで済ませちゃうんですよね。朝は菓子パンと牛乳、昼はカツ丼、お一人暮らしの方は、夜遅くなって、コンビニで、おにぎりだけとかサンドイッチだけとか買って、野菜なしで済ませちゃうこともよくあるみたいで。最近はワーキングママも増えて忙しいから、たっぷり野菜を摂れる晩ごはん、朝ごはんを用意しようと思うと大変ですよ」

『食育』とは食べることのみに重点を置いているわけではない。

「血液をきれいにするのはグリーンの野菜です。ですから小さい頃から『青い野菜を食べなさい、食べると身体にいいことあるよ』と指導していくんです」

食べるという裏にどれほどの労力、手間、想いが詰まっているかを知って食べるということも『食育』につながる。

「小学校の校庭に畑を作って、自分でね、野菜を作ってもらうんです。自分で作るとね、苦労も分かりますし、自分で作ったものって、変な形をしていてもおいしいんですよ。ですから、今いろんな地方に行くとお野菜作ったり、原木再倍のキノコを作ったりしています。キノコは、一週間に2～3回は食べた方が身体にいいです。前菜として、野菜を食べる。そうすると、一番初めに身体に入ってきたものが、一番吸収されるんですね。ですから、痩せたいと思われたら、糖分の多いものは一番後に食べます。野菜とカロリーの低いものを先に食べる。それから酵素を摂取したいなと思ったら、日本の食事では難しい部分もありますが、前菜にフルーツを食べる。おなかの調子を整えるという意味では外国の方は、習慣化している方も多いですね」

『食育』に関する法律はできたはいいものの、その取り組み、浸透させていくのは容易なことではなかった。

「私が残念に思ったのは、『食育基本法』ができて、法律になると予算が付くんです。各小中学校の家庭科の先生がやりやすいようにということで、何億円かの国からの補助が付いたんです。各自治体に補助金がおりていって、先生たちが準備をはじめて、さあ、やろう！　って準備を始めた途端に、政権交代があって、予算が半分に削られてしまったんです。全国的な予算ですから、半分にされますと、それぞれの現場では半分以下のことしかできないんです。それで、綿密に立てられた計画が止まってしまって……」

『食育』とは、日本の食の未来を支えるといっても過言ではない教育――子供たちの未来もかかっているというのに……。

「自民党政権の時に食育担当大臣というのを作って、力を入れて全国に広げて頂いたんです。政権交代で違った局面となり、また自民党に戻ったんですが、いろいろ現場は混乱してしまいますよね。もちろん、いろいろな制限、優先すべき事項が政局には山積みなのはわかりますが、いいことなのかどうかで判断して、子どもたちと日本の未来にとって何が大事かを考えてほしいですね」

難しい局面を迎え、『食育』を伝えていくことの大切さ、伝え方について、改めて考えさせられた。

「こういうことをきちんと伝えていかないと、健全な未来につながっていかないと思うんです。できあいのものを当たり前だと思うと、添加物が多いものもありますし、蓄積していくと身体にとって本当に怖いんです。今、日本人は一人平均年4kgもの添加物を摂取しているということで、恐ろしいなと思うんです。がんや糖尿病などの病気につながりますから。『食育』は、時間をかけてやっていかなければなりません」

料理家の家に生まれ、幼い頃から幸應と共に、食の英才教育を受けてきた津貴子。

「今にして思えば『食育』を日常で父、母、祖母から受けていたんです。今は、ライフスタイルの変化、便利性を考えた様々な食品も巷に溢れています、それらを否定するわけでは決してないのですが、食の大切さを伝え、実践していくことが未来を創っていくのではないかと思っています。ですから、啓蒙活動をやめてはいけないですし、『食育』の専門家も育てていますし、将来はもう少しよくなると思いますけれど、難しい部分もあります。例えば、みなさんこう言った活動をされている方は、料理学校をやっていたり、教える立場であったりという本職がありますし、行政、各機関の協力により、専任で活動できるような人や団体があればいいなとは思っています」

料理を教える教育者としての活動と、『食育基本法』を推進する活動は、結局は同じところを目指している。

前列真ん中が道政

学校法人服部学園
服部栄養専門学校
HATTORI NUTRITION COLLEGE

第二十九年 服部式料理法 第十號
新設!! 實習教場。
研究生募集（新學期）
明るい教室。
（新設教場）
1、研究生は女子に限ります。
2、少人數徹底教育。
3、一週二日授業。
（入會御希望の方は一度御來會下さい。規則書の說明致します。）
教場所在地
（新宿驛西口下車徒歩三丁、成子不二館（映畫館）前
青バス、西武電車ー成子坂下ー下車前
淀橋區柏木一丁目八三番地
（非賣品）（禁轉載）

学校で生徒を育てるということ、『食育基本法』を啓蒙していくということは、服部家に脈々と伝わってきた、食を大事にする心を礎とした、津貴子の生涯をかけての取り組みなのである。

「『食育基本法』が制定されるまでは長い道のりでした。学校の授業の中で体系的に教えていることを法律化するということで、協力して下さる方もいらっしゃるなという手ごたえは感じていました。稀に、『食育なんてとんでもない』、『食育なんて家庭でやること』などとおっしゃっていた先生方が、法律になった途端に180度変わっちゃって(笑)。法律化するとやりやすくなるんだな、と実感しましたね。これからは『食育』の専門家をたくさん育てて、食は命の源ですから、正しく教えていきたいです」

教えてきたことを法律化するまでに漕ぎ着けた。しかしそれははじまりである。『食育』とはどういうものか、正しく伝えていく。

伝えるべきことは、服部の家から、学校内外から、国内外から自らが教わってきたこと。代々服部の家に脈々と伝わって来た伝統が礎となっている。

祖父母の時代から父道政へ、道政から母、記代子へ、そして記代子から、二人の兄妹、幸應と津貴子へ……幸應と津貴子からその先へ……一族だけでなく、教えを受けた何万人という生徒たち、『食育』を担うたくさんの子どもたちへと……。

「『服部栄養専門学校』の同窓会や会合などに出席して卒業生に会うと、一番よかったなと思うことは、学校がとっても楽しかったと言ってくれることです。楽しかったというのは充実していたということにつながりますから」

皆さんいいお母さん、お父さんになっていらっしゃいます。食というものがどれだけ大事かをわかっていますから。栄養士科の学生は元より、『食育』を勉強するために入学してくるという人も増えているんですよ。

お医者様はお薬の処方を間違えたら大変なことになりますでしょ。料理もそうだと思うんです。戦後すぐの日本には、生活習慣病にかかるという方は、いらっしゃいませんでした。食べるものがなかったから。江戸時代から明治、戦前までは、粗食というかヘルシーな食生活だったんですね。今は、お金を払えば何でも食べられます。何でもかんでも好きに食べれば、病気になってしまいます。子どもの頃、小学校の頃くらいから食生活のことを考え、教えていかなければなりません。学校帰りにポテトチップスを買って、ひと袋を家に着くまでに食べてしまう子もいるようです。油もよくないですし、カロリーオーバーになって夕飯が食べられなくなって、寝る前になっておなかがすいて、『ごはんちょうだい』となって、悪循環に陥ってしまいます。よく考えないといけない時代だと思います」

料理家の家とはいえ、どんなに忙しくても母が作ってくれた手料理が並んだ食卓や、誕生日や季節のイベントの特別な料理などを、津貴子は今でもよく思い出す。

「生きている時に、きちんとそのことにも感謝をしたかった。生きていたら、いろいろ話したいことはあるんですけどね。今母はどんなおばあちゃんになっているんでしょうね……私が憤ったり、落ち込んだりしていると、やさしく『だいじょうぶ、だいじょうぶよ』って、きっと静かに笑っているんでしょうね。母はよく枕元に立つんですけど、話さなくても『だいじょうぶ、だいじょうぶよ』って言われている気がするんです。今は『だいじょうぶ、だいじょうぶよ』と、ふと気が付くと、私が家族や学生さんたちに言っているみたいです」

母記代子の『だいじょうぶ、だいじょうぶよ』も、しっかりと津貴子の中、学園の中に生き続けている。

6章　服部幸應×服部津貴子兄妹対談

共に手を携えて『服部学園』を支え、前進してきた二人が、子どもの頃の思い出、大好きだった母の味、幼き日に受けた食の英才教育など、余すところなく語り尽くす——。

――ママが来ると嬉しかった

服部幸應（以下幸應）　母にはとにかくね、やさしくて叱られたことがないよね。そこにいるだけで、佇まいがもうやさしかったし、何をとっても何をしてもやさしい人だった。物を置いたり、箸を上げたり下ろしたり、花を生けたり、というだけでも、所作もやさしくてね、母とは対象的に、父が本当に厳しくて、父に怒られると母は助けてくれる役目だった。

服部津貴子（以下津貴子）　私にはよくね、母は「だいじょうぶ、だいじょうぶよ」と言ってくれて……困った顔や悲しい顔をしている時に言ってくれたのかな――それを聞くと、安心して。今もどこかで見ていて「だいじょうぶ、だいじょうぶよ」と私に言ってくれている気がするわ。

幸應　僕には言ってくれなかったな（笑）。

津貴子　だいじょうぶそうだったんじゃないの（笑）――私が女の子だったからかもしれない。校長は、やはりね、厳しい父にしごかれているだけあって、打たれ強くて見るからにだいじょうぶだったのかもね（笑）。3歳離れているけど、長男として父が厳しく育てているところに、言う余地もなかったのかもしれないわね。

幸應　覚えていないだけかな(笑)。参観日に来てくれると自慢なんだよね。同級生が「誰のお母さん？」、「お姉さん？」なんて振り返って見たりして。それを聞いているとやっぱり誇らしくて、子どもたちから見てもきれいな人だったね。

津貴子　当時母も若かったし、輪をかけて若く見えたから。

幸應　授業参観にね『ママが来ると嬉しかった』、そういう思い出があるね。それとね、僕が学生の時、母と一緒にデパートに買い物に行くの。そうするとね、「あ、つばめを連れてきている」なんて言われるわけなんですよ、まわりの女の子たちにね。『どういう意味なんだろう？　つばめってなんだろう？』と思っていたんだけど。母が若い男の子を連れて歩いていると、そういうイメージで言われていたので、自分でも不思議に思ったことがあるね。

津貴子　母があまりにも若く見えて、客観的に見てもきれいだったから。母は若くてきれいで、私と兄二人兄妹で、3歳しか違わないんだけど、すごく若く母は見られていて、父は老けて見えた方だった。父は、ややでっぷりしていて巨体で、貫禄があったというのも手伝って、年齢がすごく離れているように余計見られたのよね。

幸應　あの当時でも19歳離れていたからね。

津貴子　そうなんだけど、もっと離れて見えていたから。それでね、おかしいんだけど、私と校長は異母兄弟で、私が母の連れ子で校長は前の奥さんの子だという、うわさがまかり通っていたみたいで。母を見た人が、母は若くして私を連れ子にして、校長は、父の前の奥さんの子だということで。

幸應　それ逆じゃないの？　僕が母の連れ子でしょう（笑）。

津貴子　いやいや私が母の連れ子よ（笑）。

幸應　ホントかなー（笑）。脚色していない？

津貴子　ホントですよ。この本を出版して頂けるということになってから、母の親しかった人たちに話を聞いてみたのね。母の従兄弟だとか、最近お会いしていない人と、久しぶりにお話をしたら、「あなたたちはもう、異母兄弟だってみんな思っているわよ」って。それで、『へー世の中って噂がまかり通るんだ』と思って、校長にその話をしたら、「そんなことは聞いたことがない」って。私の方には耳に入れる人もいて。それでいろんな母の噂を聞きながら、結局一番不思議な話は、私たちが異母兄弟なんだということを、信じている人がいるっていうこと。

幸應　そう言われるとそんな話を、誰かなんか言っていたような記憶はあるけど、本気にしていないから、「あ、そう」くらいで。

津貴子　男の人との違いか校長はそういうところあるわよね。私たちは、正真正銘、本当の兄妹なんで、そういうことを言われても、本気にせずに聞き流しちゃうわけよね。そんなに気には留めていなかったけど、おもむろにそういう話を聞いてしまうと、そうだったのだなと。ということは、何を言いたいかというと、そういう噂がまかり通るくらい、いかに若くてきれいだったかということなの。

幸應　僕だってそんなに大人びていたわけじゃないんだけど、一緒に歩いていると、僕を見て女の人たちが〝ニタッ〟と笑うわけ。さっきのつばめの話じゃないけど、店員の人たちが。だから『えーーっ』と思って。それから母と出歩くのがいやになってきてね。そういう目で見られる母を

かわいそうに思って。僕と母は20歳違って、父が19歳違って、その上若く見えて、きれいだったものだからだったのだけど。

——学校のこと、家のことで忙しかった母

津貴子　私の場合は、運動会に来てくれないとか、多々あったのよ。母も段々と学校の仕事で重責を担っていき、多忙を極めていって……

幸應　僕の時はまだ来てくれていたね。僕はおばあちゃん子でね。おばあちゃんは料理の先生で、和食を作ってくれて、母が洋食を作ってくれて、両方を食べて育ったよね。

津貴子　うちは、いろんな人がいて、2人だけで留守番というのはなかったけれど。

幸應　お手伝いさんが2人いて、書生さんが3人くらいいたからね。

津貴子　そういう意味ではね、ただ同じ部屋にいるわけじゃないから。時々『お母さんがいなくてさみしいな』というのはあったかな。やっぱり他人では満足できないことってあるのよね。お母さんがいなければ。父だけがいて母がいないっていう時も、確かにあったと思うのだけど、私は父とはあまり口を利かなかったものだから。

幸應　父と母は学校を経営していたので、朝早く出て帰ってくるのも遅かった。おばあ

ちゃんが全部面倒見てくれていて。当時どこもそうだったね。象を例に上げるとね、集団の先頭に立っているのは象のおばあちゃん。人間も象もおばあちゃんが長生きしていて、理由はね、象の場合、先頭に立って、どこに水があるか、どこにはちみつがあるか、経験値で知っていて、他の象はそれについて行くだけで、おばあちゃんってものすごい存在なのね。おっぱいをあげて育てるのはお母さんの役目だけど、お年寄りとお孫さんが出会うというのは大事だと思うんだよね。出会いにより、気遣いが生まれる、相手にやさしくする、尊敬するという気持ちが生まれる。そういうことを、おじいちゃんおばあちゃんを通して学ぶんじゃないかと。僕はおばあちゃん子だったから、おばあちゃんの存在の大きさというのが身にしみてわかっていてね。昨今働くお母さんも増えているようだから、今は様々な事情で、おばあちゃんと暮らせない人も多いし、会う機会も減っているけど、おばあちゃんおじいちゃんのよさみたいなものを、わかちあえる世の中になるといいなと思うね。

津貴子　本当におばあちゃん子だったものね。

幸應　お母さんというのは、自慢であるご家庭も多いと思うのだけど。うちの母も、やっぱり自慢の母で、さっききれいで同級生に自慢だったというのは話したけど、そういうことだけでなくてね、ただただやさしかった。父が、ガンガンガン！、って言った場合に、間に立ってくれたり、なだめてくれたりするのは母の役目で、おばあちゃんも同じようにやってくれていて。だから、母がいて祖母がいて、という家族構成っていうのは当たり前だったんでしょうけどね、周囲の家もそうだったし、今考えるといいなと思うね。

津貴子　父はね、箸の上げ下ろしからすべて厳しかったわね。

幸應　礼儀やマナーなんかを教えてくれるのはおばあちゃんだったね。

津貴子　おばあちゃんもそういうのは厳しく叱る方で、しつけはかなり厳しかったか。今考えるとありがたいわね。おばあちゃんはね、校長のことをすごくかわいがっていて、夜寝る時は、自分の部屋に連れて行っちゃうのよね。だいたい校長はおばあちゃんと寝ているわけよね。ただ、やっぱり母にとってはお姑さんでもあって……母から聞いたのは、昔のお姑さんは、今と違って厳しいと言われているでしょ。食べもののことも母から聞くと、おばあちゃんはすごく厳しかったと。それは当然なのだけど、うちはたくさんの学校の書生さんたちが離れの方で住んでいて、そういう人たちの食事の切り盛りから、全部母とおばちゃんがしていたわよね。

幸應　あの時代の、お母さん方というのは、やることがいっぱいあったと思いますよ。

津貴子　うちは昔の家だから五右衛門風呂というお風呂で、蒔をくべてお風呂を炊くものので、お嫁さん、母がお風呂を炊く役目だった。丸太があって、毎日薪割りをするのは母の仕事だったって。毎日やるわけじゃなくて、ある程度積んでおいてはいるけれど、「あなたたちが生まれる前の日まで薪割りしていたんだからね」って言っていたわよね。お腹が大きい時も、薪割りもしたと。ということは、いい悪いは別にして、お嫁さんというのは家のことを、昔はなんでもかんでもやったという。

幸應　始終忙しそうでしたよ。

津貴子　洗濯も洗濯板でしていたしね。それから昔の布団は中に綿が入っていて、それをいちいち中から綿を出してまわりの布団袋を洗って、その洗ったりしたものを干して、乾いたらまた布団に入れるとか、ものすごく、たくさんあったのよね、家庭の中の仕事って。母もそういうのをおばあちゃん＝おしゅうとさんに教えてもらってずっとやってきていたみたい。着物なんかも洗い張りって言って、着物を全部ほどいて生地にして、板に流してのりをつけてはって乾かして、またそれを縫うとか、そういうことをずっとやってきて、ああ大変だなと思っていて……私たちの時代には全然することがなくなっちゃって。電化製品が今はあるからだけど、昔の〝母は強し〟で働きながらも不便な時代になんでもやっていたのだなーと。

幸應　母は、その時代のお母さん方、お嫁さん方はそうだったのかもしれないけど、ぐちとか皆無で言わずに、ひたむきに頑張る人だったしね。

――大好きだった母（家庭）の味

幸應　なんと言ってもカニグラタン（★）かな。それもね、あの当時ワタリガニくらいしか東京にはなくて、ヒシガニっていうやつかな。その時は、飲み屋さんに行くと、酒の肴はワタリガニが中心的存在だったね。東京は大森の方からワタリガニを売りに来るんだよね。大森海岸には当時料亭がたくさんあったの。あそこからワタリガニを担いできた行商の人が、「カニえ――カニ――」って言って売りにくるわけ。それを買ったりして、そのカニをグラタンに入れることもあったけど、実は、マルハ（※1）、旧大洋漁業とうちの父が仕事をしていたので、そこから、金缶のタラバの缶詰がいつも届いていてね……

津貴子　そうそう今買うと一缶八千円くらいするのよね。

幸應　あれを、昔は金券代わりにお客様に5つとか6つとか包んで差し上げていたのね、それでそれをまた他のお宅に差し上げるという、そういうおもたせとして使われていたみたい。その缶詰のタラバは、生の変なカニを使うより、よっぽどおいしいの。それをベースに、カニグラタンを作っていたよね。小麦粉とバターを同量合わせて、ベシャメルソースを作って、それに、牛乳を温めてから混ぜていって、ドロっとさせて、今度は

★レシピはP216

茹でてあるマカロニグラタンを合わせて、カニと玉ねぎのみじん切りを合わせて、バターをグラタン皿に塗ってから、耐熱皿に敷き詰めて、次に絞り出し器でマッシュポテトをシュウシュウシュウシュウッとグラタンのまわりに付ける。それからチーズを振りかけて、オーブンで焼くと。本当においしくて、今や僕の得意な料理でもあって……子どもの時に作るのを見ていて覚えちゃった……言いながらまた食べたくなってきた。おいしいよね。

津貴子　我が家の定番でそれが一番おいしかったわね。あとね、母のメニューはね、国際色豊かで……改めて見るとなんでこんな名前をつけたのだろうとか、思うわね。元を正すと、おばあちゃんと日本人の食を外国人に向けるようにと開発した時のいろんなパターンがあってね、それをまとめているのよね。おばあちゃんから習ったもの、習ったもの以外のものをつなげてね。

幸應　GHQの人たちと父が親しかったのも国際色豊かだった一因でしょうね。昔の日活ホテル（銀座）の向かいにあったマッカーサーの建物（※2）のね、そこに米国人が住んでいて、クリスマスになると連れて行かれて、5、6件回ってクリスマスプレゼントをもらっていたものでした。

※1　かつて日本に存在した水産加工食品を製造販売する会社、現マルハニチロ　※2　第一生命終戦後、昭和20年（1945年）に連合国軍総司令部（GHQ）庁舎として接収された。

――我が家の味、クジラ料理

幸應 あと、我が家の味を語るのに欠かせないのが、クジラ料理。戦後たんぱく質が足りなくてね、関西とか九州ではクジラ料理がポピュラーだったんですよ。ところが東京ではクジラをあまり食べなかった。そこでうちの父が大洋漁業と組んで、クジラを普及させる運動をやったんですよ。最初の頃は、冷凍が緩慢冷凍（マイナス１８０℃）でクジラ肉が臭くなるの。しばらくして段々、設備がよくなって急速冷凍（マイナス40℃以下）化したことによって、臭みがなくなってきて。それを説明するのにうちの父が冷凍の会社に頼まれて、どこでこういうものをわかってもらったらいいか、って考えて、当時はみなさん銭湯に通っていて、社交場にもなっていたような場所だから、金魚を水槽に浮かべて、それにドライアイスを中に入れるとコチコチに固まって、その金魚をまた普通の水に戻すとまた動き始めるわけ。みんな「えーーっ」と、びっくりする。「これこそが最先端の冷凍技術なんだよ」と。そうやって、冷凍とはどういうものかというのを紹介するのに、服部の先生方を使って、東京中のお風呂屋でそれをやっていたみたい。

津貴子 当時は冷蔵庫が珍しいし、冷凍とはどういうものかを啓蒙していくという。

幸應 それからクジラの肉の食べ方も工夫され、硫化アリル（※）のおかげで、玉ねぎをすったものに漬け込むとくさみが取れる、というのをうちの父が考案してね。自宅でも、クジラ肉を玉ねぎに漬け込んだものを引っ張り出してきて、焼いたり揚げ物（★）にしたりしていて、それは臭みもなく、本当においしかったね。

津貴子　自宅では、何か作るというのはしょっちゅうやっていて、普段のお料理にどんどん出てきていたよね。うちの家には、ちょっと広めのキッチンがあって、そこにお料理を習いにいらしていた人もいたわよね。

幸應　家庭料理は学校でなくて、うちに習いにいらしていたね。

津貴子　奥様とかお嫁入り前の、そういう方たちがしょっちゅういらしていたので、試作品みたいなものも作って、みんなで食べたりとか、私たちの食事に出てきたりとか。本当にそういうことが日常だった。

――料理はこうして覚えた

幸應　僕はおばあちゃんに言われたのだけど、「おまえは2歳の時に包丁を持ったんだよ」と。『えっ、そうですかっ』て。4歳でりんごの皮を剥いていたしね。

津貴子　私も似たようなものだったみたい。私の場合、小学校の時から調理実習のある

※玉ねぎを切ると涙が出る刺激臭の成分

★レシピはP212

小学校に入ったのよね。それは日本ではじめてカフェテリアという方式を取り入れた、栄養士を養成する『文化学園』という学校で、低学年から調理実習があって、そこの栄養士のコースを私は卒業したのね。

幸應　杉並にあって家から通えたしね。

津貴子　小中高全部調理実習があって、母がそこに行きなさいという、当時中野に住んでいたし、ずっとそこに通って、いろいろな料理を覚えて家でも作っていたのよね。とはいっても、家では手伝う程度ですけど、お手伝いさん、書生さん、母もいたから。

幸應　僕は学習院の初等科4年生の時ね、父が、「これからは俺の昼ご飯を作れ」と。「天丼作れ」って最初言われたの。それでそれまでに卵焼きとかご飯の炊き方とかいろいろなものをやらされていて……だけど天丼ですから、ご飯を炊いて、それこそ海老もちゃんと背わたをとって、衣をつけて揚げなきゃいけないという全部の工程と、丼つゆまで作らないといけない。で、何とか最初のを作って出したら、父がひとくち食べて「まずい！」と一括！　後はもう一口だけで食べてくれないんです。

　それをおばあちゃんが見ていてね、「おまえね、いっしょに少し勉強しよう」って言ってね、こうして小学校4年生からの食べ歩き、お蕎麦屋さんとか天ぷら屋さんなど10軒程食べ廻って研究した。最終的に、神田の『天政（てんまさ）』（※1）っていう天ぷら屋さんがあってね。今は三代目のお孫さんの橋井良彰氏がやっていて、丸ビルの35階にあって、お孫さんがやっていて。おじいさんは、天皇陛下のために天ぷらを出された人（※2）でね、そこに食べに行って「おいしいね」って言ったら、「じゃあかけあってあげるから」って言って、おばあちゃんがそのおやじさんにね「この子ね、天ぷらに興味あるらしいから教えてあげて」って頼んだら、天ぷらの揚げ方を教えて下さった。

津貴子　父なりのテストよね。おばあちゃんも料理家だっだし、食べ歩きもある種、食の英才教育というか。

幸應　それで、教えてもらったレシピを元に、家へ帰ってその味を再現してみて。試行錯誤を繰り返し、かれこれ10回くらい作って父に天丼を出したら、そうしたら父が初めて「うまい！」って言って。それで嬉しくなって料理に興味を持っちゃったという。母もね「よかったわね」って言って、そんな感じでその様子を眺めていて、母も祖母も食べる役目はしてなかったなー。父のために作ったので、いかに見た目も含めておやじさんが喜んでくれるかどうかというね。

津貴子　父は正直な人でもあったから「まずい！」と言えばまずいし、その父に「うまい！」って言われるように、一生懸命やらないわけにはいかないわね。

幸應　「うまい！」という時の父の顔見たさに、一生懸命にやったかな。それ以来、最

※1　昭和11年小川町にて創業、昭和27年神田猿楽町に移転。　※2　昭和38年 赤坂御所にて陛下へ初めて毒見なしでの天婦羅を献上した

初は天丼だったけど、カツ丼、親子丼、牛丼、海鮮丼など、いろいろな丼ものを覚えていって。おばあちゃんも、僕のことを、『将来学校を継ぐんだ』と思っていたんだろうね。僕は全然意識していないけど、母も、おばあちゃんが指導しているのを見ていて、『興味をもってやってくれればな』と思っていたのかもしれないね。

――大切なことは料理から

幸應　うちの学校では父が旬のもの、たとえば魚であるとか、肉もね、果物も野菜も、旬の時に地方に電話をするの、昔の電話をまわしてかけて、「もしもし」って。北海道から九州、いろんなところに、時期になると電話をかける。それで、「氷といっしょに入れて汽車に乗せて運んでくれ」って頼むわけ。すると、上野駅や東京駅に着いたものを、服部の先生方が取りに行くわけ。氷の詰まった箱を持ち帰ってずらっと並べるんだよね。鯛なら鯛がいろんな各所からきて、地域ごとに、色も違うし、香りが違うし、獲れる場所によって違うの。それで、鯛を切ってみると身の色が違う。たとえば千葉の方の鯛の浦（※）のあたりで獲れたものはね、ピンク色をしている。明石あたりのものっていうのは背骨のところに〝こぶ〟があるんだけど、あそこはものすごい勢いの潮の流れで、結局骨が変形して〝こぶ〟ができるんだよね。それで、身が違う、香りが違う、九州は九州で違うし、日本海は日本海で違う。日本海の鯛の身は、まるで曇りガラスのようになっていた。まるで「すりがらすみたいだね」なんて言いながら、そういうのを食べさせられるわけ。

津貴子　各地から取り寄せた魚が、ずらっと並ぶと壮観だったわね。子どもながらにわくわくして。

幸應　旬には三段階あって『走り・盛り・名残』で、うちの先生方はそれで、素材について覚えさせられるのね。たとえば鯛は、桜鯛といって一番旬なのは桜の咲く頃だと言われているんだけど、実は一番おいしいのはそうじゃなくて、紅葉鯛と言って、秋から冬にかけるあたりが、栄養満点で、卵をもつ鯛なので非常に身がおいしくなる、というのをね、いつの時期がどうなのかっていうのをやたらやらされたね。僕は学校の先生じゃないんだけど、その時いつもその場にいて、見に来てるわけ。それでいろいろ比較させられて、母も来ていて、職員さんも交えてみんなでそれをやっていたという。そこからもう真剣勝負がはじまっているという。

津貴子　とにかく試してみてわかるんだ、という。自分の目、嗅覚、触感、食感、舌など五感を駆使して覚えたものは自分の中に蓄積していくと。私も兄もある意味食の英才

※千葉県鴨川市の内浦湾から入道ケ崎にかけての沿岸部の一部の海域。鯛の群生地として知られている

教育のようなものを受け、もちろん先生方も含め、そうやって服部の土台が築かれてきて、今日の服部学園を作っているのよね。

――圧倒的に厳しい父、どこまでもやさしい母

津貴子　母は父にすごく尽くしていた。

幸應　うちの親父さんは気が短いというのはみんなわかっていて。たとえば学園に手すりがあるじゃないですか、うちの父ってね身体が大きくてね、手すりで、手を触るところが決まっていて、そこだけ磨けっていう話が有名なの。他全部やっても大変だからということで、その部分だけとにかくぴかぴかに磨いていたらしい。その部分が違って、ほこりでもなんでも付いてる時には、「これは何だ!」って言われちゃうの。そういうことをみんなが気を遣っていたね。

津貴子　豪放磊落(ごうほうらいらく)なの。それでもうすぐ怒るんだけど、あとでカラッとしていて、すぐ怒って後でお小遣いくれるんですって。母もよく怒られていました。怒りっぽくて、私にも厳しかったので大変だった。

幸應　結局、失礼なことをしちゃいけないって。失礼なことがあると癇に障るんでしょ

うね。「何だお前その態度は」ってて普通にビビッ、とくる。なので、父の前ではみんな背筋を伸ばして、居住まいを正していましたよ。だらっとなんて一切できない。うちの職員はみんな敬礼で、軍隊にいたってことなんだろうね、昔はね。

津貴子　そうそう、軍隊といえば軍の食事を全部見ていたんですって。

幸應　中国に遠征した時も全部うちの父が食事の係でね……。

津貴子　食事の開発とか、だからクジラ料理も開発して。給食の方にっていうことで。軍隊形式で、父が厳しい分、学校の職員に母はやさしく対応し、父が怒ると母がまた対応するという、今で言うフォローというのかな、とにかくいいバランスで。

幸應　父が亡くなった後、始終僕は夢を見ていましたもん。怒られている夢。まだ生きているっていうことで、始終怒られているわけ、「バカヤロウって」（笑）。

津貴子　私は父の夢はいつもにこにこしている夢よ。

幸應　父が亡くなったのが、僕が20歳の時で、意識し始めたのはその10年くらい前から、『うるさい親父だな――』と思いながら見ていて。何かあると、親父だったら怒っているんだろうな――と、校長という立場になって思う。決断しないといけないとか、困ったことがあると、親父だったらどうするんだろうと考えるんですよ。

――「先生」と「おいお前」

幸應　母は父のこと「先生」って呼んでいたけど、父はね、母のこと「おい」とか、昔は「おい」が多いよね。「おいお前」とか、「おーいお茶」みたいな。

津貴子　本来の名前の美以津でも読んでいたわよ。母は仕事名で服部記代子だったけど、母の父がアート、写真、絵とか、そういう方面の人だったものだから。

幸應　祖父は映画監督だったのね。

津貴子　ミューズって芸術の女神でしょ。それを漢字にして〝美以津〟と。珍しい名前よね。美しい、以上の以、津貴子の津。父と結婚した時に、服部の名前を使うのに、ある先生に見てもらったみたいで。姓名判断で、〝服部記代子〟になったって。私は、元の名前は美しい名前だなと思いますよ。父も時々、〝美以津〟と呼んでいて。

幸應　聞いたことない、「おい」しか覚えてない、「おいお前」って。

津貴子　校長の前では控えていたのかしら。怖い父だったから。怖いというか本当に威厳たっぷりで。母に対しても、私たちにも上から目線で怖かった。学校から帰ってくる時間にもすごく厳しかったし、早く帰って来ないといけなかったし。

幸應　悪いことをすると、背中を掻く、〝孫の手〟で叩くんですよ、人の手をペチーン

服部学園別館ANNEXにて

て。剣道五段で、明治大学の剣道部の主将だったから、「おれは五段だ――」とか言ってペチーーンと。いたかったね、なんかあるとペチーーン、ピシーンだったからね。

津貴子　厳しかったけど、女の子にはそれはなかった。ひょいとね、父は私を軽く抱き上げてね、肩に乗せて、よくその辺を歩き廻ってくれました。

――小学生で借金取りを断る役目

幸應　割と若くして、学校を継いだから、いろんな事が起こったよね。

津貴子　いろんな人が周りを取り巻いてきて、人との苦労が多かったわね。

もちろん経営の苦労もあったけど、経営の基盤というのは父母の代でけっこう築かれていたから。まだその時は18歳人口が今ほど少なくなくて、1965年には248万人、2018年では半分以下の118万人ですからね。大学にしろ、専門学校にしろ、生徒を集めるのは大変な時代なのよね。母がいなくなった頃、学校を乗っ取っちゃおうみたいな人もいたので、そういう人たちの対応がけっこう大変だった。校長と私二人で分散していろいろ対応して、困っちゃう人も結構いて、いろいろ足を引っ張られちゃって、他の学校でも、生徒さんたちが寄り付かなくなってしまった学校もあるのよね、困った人たちが出入りして。

幸應　父がね、仕事で失敗したことがあって……僕が小学校5年生10歳の時で、本来だったら、今で言う、押してはいけない印鑑というのがね……

津貴子　連帯保証人よね。

幸應　父がしたことじゃなくて、当時の総務部長がしちゃったのね。それで大騒ぎになって、結局は学校を取られちゃうんだよね、一度。僕の役目は家に借金取りが来た時に断る役目で、「親父はどこにいるんだ」って来るんだよね、昔はね。暴力団みたいな人で、「今出かけているよ」っていうと「お前、待たしてもらうぞ」って言って玄関に座っちゃうの。「いくら待っても今日は帰ってこないと思いますよ」って言うと「いつまで待ってりゃいいんだよ」って。覚えている？

津貴子　本当に大変でしたね。

幸應　見るからに強面の方がね、お金を取り返そうと思って来るんだよね。それで「今日は帰るけど今度はいるようにしろよ」なんて言って帰るの。それで親父が帰ってきて、僕が「なんでこんなことしちゃったんだよ！」って言うと、父が「そんなこと言ったってしょうがないだろう！」って。そういうやりとりを、二年間くらいやっていてね。最初は怖かったけど段々慣れてきて。

津貴子　小学校一年生くらいだったから、スーツを着た男の人が、家によく出入りしているな、とは思っていたけど……。ただ、当時学校が新宿にあったんですけど、そのことでいろんなことがあったみたいで……父も学校の他にもいろんな事業をしていて……学校業っていうのは学生さんからお月謝を頂くので、そんなに馬鹿げた値段は頂けないわけですよね、教育だから普通の授業料、学生さんのために、先生方に給与が払えるだけの授業料しか頂けないわけですよ。儲けるわけにいかない。ですから他に事業をしないといけないこともあって、ボーナスも出さなきゃいけないし、みんなに、裕福になって、充実して仕事をしてもらわないといけないわけでしょ。経営者の大変さよね、そういうこともしなきゃいけない。

幸應　やっぱり学校というのは、学生さんを育てて、食で社会貢献していくというのもあるからね。

津貴子　校長が言うように、乗っ取られちゃったというのは、判をついたためにいろいろあって。でも持ち直して、新宿からここの代々木に、再建したのよね。再建した時は二階建ての校舎だったのを、父が亡くなった後に、今度は母がここを作ったという。それで母は父がきりきり舞いになった時に、母の実家からかなり借り入れをして、また立ち直ったというそういう経緯があってね。意外とどこでもあることですけど、何かあった時には、力を合わせることが大切ですね。

――親父さん、御大は偉かった、と

津貴子　父が亡くなった後、たくさんの税金があって。人が亡くなると税金、家を取られるっていうじゃないですか、3代目になると、家もなくなるっていうじゃない。

幸應　結局父が生きている間、学校が一度、人手に渡ってね。渡った後、父は、「うちに来てくれ」って他の学校に頼まれたらしいね、それを役所の方から聞かされたの。「親父さんは偉かったよ、あれだけ頼まれても頑として、おれはいやだと言って行かなかった、だから今があるんだ」って。困っているのだろうから、うちに来てくれというオファーがものすごかったみたい。当時の厚生省のお役人が、「親父さんが頑としてね、そういうことをやらずにね、我慢して、学校を再建するためにいろいろ努力した結果、どこにも勤めずに再建できた、もしあれが誰かに頼っていたら、あいつは、って言われるだろう」と、その方が言っていた。「親父さんがそういう意味じゃ、根性座っていたんだよ」って言われて、「そうですかっ」て。

津貴子　校長の方が年上ですから、私は父のことそんなに克明ではないんだけど、私は講師の先生から聞いた話があって。料理学校をやっていると、いろんな業界の方々とのお付き合いがありまして。それでお料理の先生をみんな集めて、ご自分のところの製品を宣伝するために、先生方がたくさんいらしていたみたいだけど、『御大（父）は決して金を受け取らなかった』って。

道政

幸應　清廉な父だったね。

津貴子　その先生曰く、「他の人たちはみんなお金を受け取っていたけど、御大だけはお金を絶対受け取らなかったんですよ」って。お金を受け取って、そこのものをむやみに宣伝できないじゃない？　だいたいはどこの商品も本当にちゃんとしているのですけどね。ただ、いいか悪いかに、余計なものを介したくなかったのだろうし、今となっては添加物扱いされているものもあるしね。お金は受け取らなくても、いいものとして普及はしたのでしょうけど。「絶対にお金は受け取らなかったんだと、偉かったんだ」と。それが偉いかどうか別として、父は芯が通った人だったのだなとは思いますし、父の周りの方もそう思っていらしたのではないかと。

――母へのプレゼント

津貴子　何かイベントごとがあると、母はお菓子とか三色ゼリーとか作ってくれて、あと必ず子どもたちにプレゼントを用意してあるのよね。

幸應　だから僕は、母の日と言うと、いろんなものを買ってくるの。袋や箱に、たくさん買ってきたものを入れて渡すと母に「まあ、こんなの戴いて……ごめんなさい、ありがとね」なんて言われたのを、今でも思い出すね。たいしたものではないんだよ。その辺の雑貨屋でいろんなものを買ってきて、一つの袋に入れてあげて……女性の使いそうな、まゆずみ、口紅なんかをね。自分はそんなにお金を持っていないので、せいぜい5点くらい、1，000円くらいのものを。

津貴子　子どもながらに母の役立つものとかを一生懸命考えて、お花とか、母にあげていたわね。

左：記代子。右：叔母 映子

幸應　父はね、年に一度、すごく高価なプレゼントを母にするんだよね、指輪とかネックレスとか、こんな大きな真珠がズラズラズラと付いているやつとか。母にはね、言い聞かせられたの。「あなたね、普段はね、いつも怒られてはいるんだけど、年に一度こういうものをもらうとね、また、

左：記代子。右：叔母 映子

尽くさなきゃなって思うのよ」って。嬉しそうでね、『そんなもんかなー』と思って聞いていて。

津貴子　父も昔の人だから、母に厳しかったけど、心のどこかで、『よくやってくれているなー』とは思っていたのかもしれませんね。

幸應　母は、「人はね、年に一度思い出みたいのを作ることが大事なのよ」って。

津貴子　いつもはね、本当に〝服従の母〟というのかな、父には、昔の女性ですよね。口答えはしないし、もうすごく従順な妻であったと思う。

幸應　父に〝あなた〟って言ったことないしね。〝先生〟って呼んでいて。本当に先生だったから。

津貴子　母も服部の学校に入っていて生徒だったから。それで、母が学校に入った時に、父が母を見初めたの。だから父が母に夢中になったの。母は父に夢中になっていないですよ（笑）。母と叔母と二人年子なのだけど、二人で歩いていると、ほとんど二人共、宝塚とか芸能の人たちにスカウトされたり、「宝塚の人たちが来た」って言って、みんな見るのだと言っていて、母は目立っていたようです。

幸應　母は身長が1m62～63㎝で、あの当時高い方でしたよ。中肉中背でね。

津貴子　食べ物を職にしている人って、食べる機会が多いから、どうしてもスラッとまではいかなくて中肉中背ではあったけど、目立っていたみたいね。

――父の膝の上から見ていた宴

津貴子　父は外交的な人だったから、父と家で食事するというのはお休みの日くらいでね。学校の仕事も忙しかったし、普段、父は外が多くて、学校関係からはじまっていろんな公的機関関係のお付き合いで。

津貴子　家にもたくさん来客がありました。

幸應　週に一度は仲間を家に呼んでいたね。うちは8畳間が二つ続いていて、6畳間があって、つなげて障子を取って長い宴会場ができてね、そこで、気の合った人たちとか、お客様を呼んでね、宴会をするんだけど、その時僕は足の上に乗るの。片膝にね、座っているわけ、そこで親父が「わーっ」となんか命令したり、盛り上げたりしているのをいつも見ていたね。

津貴子　校長が5歳で私は2歳。

幸應　みなさん浪花節でね。昔の飲み方っていうのは極端な飲み方をされる方が多くて、本当に酔っちゃう人がいるんだよね。「ばかやろう！」とか言ってね。子どもながらに、酔っ払いに水をかけたり、ペチペチ叩いたり、いろいろしているのを見ていてね。昔の人っていうのは、酔うために飲んだんだよね。今は、酔うこと自体が恥じらいみたいなところがあるじゃない。昔は、苦しい時代をそれぞれ乗り越えてきた人たちだから、本当に酔っちゃうんだよね、そういうのを眺めていた覚えがあるな。父は酒豪だったから、正体がなくなるまで酔うことはなかったけど。

津貴子　強かったわね。一方、母は下戸で飲めなくて。

幸應　母は飲めないからね、母が父の死後、学校を継いだ後ね、お付き合いで飲む相手を連れて行かなきゃならないでしょ。僕を連れていこうとするわけ。僕は一切行かなかった。飲めなかったから。飲むようになったのは、ここ10年くらいかな。

津貴子　というのは、校長は車好きで、いつも車を乗っているから飲まないのよね。

幸應　今は車を置いてタクシーになったらがんがん飲んでいて、父の姿を見て育ったせいか、こんなに飲めたんだと（笑）。

――父の外国人の友人たち

津貴子　うちに、麻のスーツを来た大人たちはたくさん出入りしていたでしょ。

幸應　父はＧＨＱ、進駐軍の仕事もしていたのね。ＧＨＱのジョンソンさん、その友だちのターナーさんは、当時頻繁に来ていたね。二人が大きなジープに乗って来ていてね、父と気が合っていたみたいで。父は英語が得意だったのかもしれないけど、今考えるとジャパニーズイングリッシュで、やりとりしていたのではないかな。それでいろいろ僕も遊んでもらっていて……覚えているのは、バナナをね、車に積んで、バサッと持ってきてね、売り物みたいに。それも一房に20本位バナナが付いていて、そういうのをいつも運んで来てくれて、そういったいろんな付き合いがあったね。

津貴子　『コカ・コーラ』を持ってきてくれたの覚えてる？

幸應　はじめて『コカ・コーラ』を飲んだ時、『なんだこれは！』ってね。おいしいというのじゃなくて、衝撃ね（笑）。それからはじまって、アメリカの食材が相当軍用に入っていたのがあるでしょ。外国人がハムも含めてうちにいろいろ運んで来てくれていて、いろんなものをくれていた覚えがあるね。

——母との寝る前の儀式

津貴子　たまには一家団欒もあって。

幸應　その時はおばあちゃんも一緒でね。

津貴子　長いちゃぶ台があって、お食事するのよね。よく母から父のことを聞いたのだけれども、おばあちゃんがお料理の先生で、すべてにおいて厳しかったと。使用人さんもいたので、母だけではなくみんなに厳しかったと思うんだけど。それで、父と母が結婚してまだ間もない頃、私たちが生まれる前のこと、父は帰宅が遅いことも多く、飲んで帰ってくることもしばしば。だけど、おばあちゃんは母に、「亭主が帰ってくるまで食事をしてはいけません、亭主が帰って来てからするのです」って言って、おばあちゃんと二人で、父の帰宅を待っているんですって。そうすると父が酔っ払って帰ってきて、「さあご飯にしましょう」というと、「食べて来たからいい」って。「それからおばあちゃんと一緒に食事をしたのよ」と。今の若奥さんだったら出ていっちゃいますよね。

幸應　そういう時代だったんだよね。

津貴子　子どもが生まれそうもいかなくなって、私たちが早く食べるようになって。おばあちゃんが亡くなり、おじいちゃんが亡くなりね。父はいつも遅かったものだから、寝る前に母と3人になることがあって。校長は覚えているかな？　寝る前の儀式的な、母はミルクティーを飲んで、校長はレモンティーを飲んで、私はミルクを飲んで、小さい時、夜結構そういうことがあったのを覚えている？

幸應　覚えていないけど、紅茶っていうのはかなりカフェインが強いから、小学校5年生か6年生頃かな。

津貴子　もうちょっと年を取ってからじゃない？　中学の頃か、薄めの紅茶を飲んでいたのかもしれない。3つね、3人分、いつもトレーに母が飲み物を乗せて持ってきて。母はミルク紅茶、私にはミルク、校長はレモンティーで、3人で寝る前、ちょっと団欒してね。その日あったこととか、たわいもないおしゃべりをして……居間で飲んで、今思うとあれは冬が多かったのかな、あたたまったし。

幸應　母が、よく作ってくれたと言えば、プリンと三色ゼリー（★）だか四色ゼリーかな。すごく好きだった。

★レシピはP230

津貴子　三色ゼリーをよく作ってくれて、ピンクと白とグリーンとか、ピンクと白と茶色はチョコレート、その三色で、それはもうおさんじにすごく出てきたから。

幸應　クリスマスとかいろんな時に食べていたね、思い出すね。

津貴子　夜はあんまり食べないんだけど、クッキーなんかが出て来ることは多かった。夜食方々、クッキーも母はよく焼いていたし。

幸應　今でも覚えているのは、昔は東京にも雪がすごく降って、庭の雪を集めて、雪だるまを作ることができるくらいの記憶がある。ほんとにしとしと降っていてね、今では考えられないくらいね、当時冬は相当寒かった。5℃くらい違うんじゃないかしら、という記憶がある。冬になると雪が降って、その時にいわゆる居間で、暖炉というより、赤外線の暖炉にあたりながら、アイスクリームと三色ゼリーみたいな、ああいうのを食べていて……逆に言うと、モダンだったのかもしれないね。

津貴子　アイスクリームは売ってはいましたけど、冬に食べる人は少なかったわね。

——忘れられないハレの日の料理

津貴子　クリスマスはテーブルの上に、バ――ッとクリスマスのお料理がね、七面鳥ね、チキンのお料理、クリスマスケーキも含め、いろんなお料理が並んでね。

幸應　ただお正月がね、おばあちゃんといっしょにね、おせち料理を作って、そして、お正月三日間をね、台所で仕事をしないようにということで。今はね、逆に言うと、冷蔵庫があるために、おせち料理を食べなくてもね、いろんな西洋料理、中華料理だってなんでも食べられる時代になっちゃっているけど。昔はお重っていうのは重詰めでね、きっちり詰めて、隙間がないのね。昨今は、デパートで売っているお重は重盛りが多い、重盛りはきれいだけど、空気が入っちゃってもたないから途中で腐っちゃう。重詰は江戸の名残でびっしり組んであるんだよね。

津貴子　昔の人は知恵を駆使して、現在のある形を充実させてなるべく腐らないようにとか。だから昔のものって塩辛いもの多いけど、今は冷蔵庫があるから。それほど塩辛くしなくても大丈夫なのね。

幸應　祝い肴三種っていうのがあるんですね。関東の祝い肴三種は、「数の子」・「黒豆」・「田作り（ごまめ）」の三種類があって、あと雑煮があればいい。黒豆はね、魔除けの色の黒と、まめに暮らせるようにとの願いが込められていて、数の子はニシンの子どもで、子孫繁栄の意味があって、ごまめは片口鰯を干したものを炒って甘辛く煮詰めたもので、昔、天皇の財政が明治時代に入る前にすごく苦しくなった時に、尾頭つきとして価格が安いごまめを食卓に飾ったことから、祝い膳に加えるようになったと。また、ごまめは田植えの際に肥料としたら、米が五万俵もとれたというところから「五万米」と書かれるようになったと。後は、日本酒と雑煮で、最低限それが基本で、今は、何でもありになりましたけど、本当は祝い肴三種といって、それさえあればいいんです。そういうことをお祝いする際に知っておくといいんだよね。子供の頃、おせちを作るという際、おばあちゃんや母が根本的にそういうことを教えてくれたんだもの。

津貴子　お祝い事の料理の意味というのを、子供の頃にきちんと教えてもらってよかったな、と思う。

幸應　今だったら五段のお重があるとすれば、一番上が三種肴、二段目が口取りって言って、きんとん、伊達巻だとか、甘めのもの、三段目に何を入れるかというと、焼き物で、海のもの、山のもの、焼き物、そしてなます、それと、四段目は、田畑の煮物、野菜の煮物、五番目は空なんだけど、お客様が来た時、四段をみなさんに渡してつまむでしょ、それを埋めるためにいろんなものを入れておいて、後で埋める。それが本来のお重の役目なんです、そういうのをおばあちゃんとうちの母から「お重とはそういうことなんだよ！」と言われて教えてもらったね。

――父の忠実な生徒だった母

津貴子　父も、母のために料理をすることがあって、まあ、母のためというか、こうやるんだよって言ってね、よく作っていた。

幸應　もう、うるさいんだよね、父は。僕がよく怒られたように何やっても、母が作ると母も怒られる感じで、母も相当気を遣っていたよね。

津貴子　何度も作り直させてね。

幸應　そう作り直すんですよ、「こんなのダメだよ」と。

津貴子　「もう一度」とか言って、家庭料理を母が作ると「ダメ、やり直し」とか言って、3回位やるんですよ。母は文句も言わずに、何度も作り直していて、元々先生と生徒だったし、父に尽くして、忠実に従っていたのよね。

幸應　もう何回も、それはもう気に入るまでやらすという。父は、そういう人でしたからしょうがないですよ、それは。

津貴子　性分ね。元々、母は父の生徒だったから。『東京高等栄養学校』に生徒で入って、それで、父が見初めて、結婚したと。母は一生懸命、料理や栄養学を学んでいて、その頃から熱心で忠実な生徒だったみたい。父は元々先生というのがあったからか、普段のことにも料理にも厳しかった。

――母が亡くなって二人で多忙を極め

幸應　思い起こせば、32歳で校長になったんだよね、母が亡くなってね。

津貴子　私は29歳で、会長になったのよね。

幸應　父が亡くなったのが20歳の時。

津貴子　私が17歳の時ね。10代と20代で両親を相次いで亡くして、大変でしたよね、いろいろね。金銭的なものですけど、税金問題から、対人関係、私たちよりみんな年上の人が牛耳っている世界だったから、〝若造が出てきてなんだろう〟ともなる世界じゃないですか、それってすごく、あったわね。

幸應　父が亡くなったのは、大学生の頃で、何もしなくて、遊び回っていたね。

津貴子　卒業してから、私はフランスに25歳位までいたので、学問だけではない、人生というか、対人関係を勉強させてもらっていたかな。私は、25歳で結婚していますから。結婚してすぐ一人目の子どもができて、二年経って母が亡くなってしまって、母が亡くなった次の日から学校に来て仕事して。

幸應　僕が学校の広報部に在籍していた頃だね。

津貴子　私はね、子育て真っ最中で。子どもが生まれる前までは校長室の隣、母の部屋の脇にあって、そこで秘書兼広報部みたいなものやっていて。子どもができて、二歳位までは、仕事から離れて、べったり母親をやっていて……子どもが二歳になったある日、突然母が心筋梗塞でなくなって、急に仕事をしだして、母親がいなくなったことは、精神的にすごく子どもの負担になったようで、チック症やしゃっくりが止まらなくなって、小児科の先生には、「一定のショックがあるとそういうこともあります」って言われて……そのうち母親がいない状況にも慣れて治ったのだけど……母が亡くなると同時にフル稼働しだして、子どもに負担がかかっていたけど、とにかく走るしかない時期だった。

幸應　僕も校長に就任して、二人とも多忙を極めていたね。

――もし母が生きていたら……

津貴子　もし母が生きていたら、してあげたいなと思うことは、たくさんあって。母は早くに亡くなってしまって、52歳でしたからね。親孝行は親がいなくなってから思うものってありますけど、なんにも母が喜ぶようなことをきちっとやってあげられなかったと思っていて……母が亡くなって45年も経っているけど、お墓の中で、やっぱり子どものことは心配していると思うのよね……いつまでも、なるべく心配がないように安らかに眠ってもらいたいなとは思っていて。

幸應　もし生きていてくれていたら、やってさしあげないといけないことがたくさんあったんじゃないかと思う。何かというと、もっといっしょに過ごして、他愛もないことかもしれませんが、ある意味で親不孝な部分もあったような気がして……。

津貴子　お互い若くて、母もまだ生きていてくれると漠然と思っていたから、まさか突然お別れが来るなんで思いもしなかった。私たちの思い出の中の母は、若くて美しくてね、止まったままですよ。『今のところは無事ですよ』、と伝えたいかな。

幸應　突然すぎて、親孝行というのに向き合って考えることは、母の生前はなかったけれど、もう少し母のために、具体的に何かしてあげたかったなというのは思うよ。

津貴子　親孝行はしたいと思っていましたけど、改めての時間がなかったのよね。私はとにかく、母が亡くなって、仕事と育児の合間を縫って、一ヶ月に一回はお墓参りに行って、対話というか報告していましたよ。

幸應　僕も3年か5年に一度くらいは行きましたよ。

津貴子　校長は私以上に忙しかったから、私が代わりに行って、お寺お参りしてお坊さんに対応してと、そういうのはやっぱり両親が亡くなっていますから、当然やることであって、もちろん今でもやっていますよ。

――食は未来を創る

津貴子　「兄妹仲良く協力されていますね」と言われることもありますが……いえいえ私が折れているだけですよ（笑）

幸應　こっちが折れているんだよ（笑）

津貴子　けんかは小さい時はしましたけど、前に向かうならともかく、けんかってなんの意味もないし、お互い別々の仕事があって、それを全うしなきゃいけないなっていうことで。学校は母や父が残したものなので、校長は対外的な部分を主に担当して、メディアに出たりとか、役所関連の仕事の方でけっこう忙しくしていたりするので、私は私で父母が残したものを没落させることはできないな、と頑張ってきています。やっぱり兄妹が仲良くなかったら、父と母も安らかにいることはできませんもの。

幸應　ただこれから人生今九十年百年と言われているけど、今後どうなるか。

津貴子　コロナ禍で随分世の中変わると思うし、いろんな価値観も変わっちゃうでしょ。

そんな中で、私としては今携わっている仕事はね、卒業生が何万人もいるわけですよ。だから服部を潰せないというのがあります。

幸應　せっかく人手に渡って、父が再建し育て、また母が育てた学校ですから。

津貴子　〝服部〟が潰れちゃう、例えば人手に渡ってしまうと、そのうち〝服部〟という名前じゃないところが経営し、何万人の卒業生の人が、母校がなくなってしまう。そうなると卒業生たちは、不愉快な思いをするかと思うので、それは絶対にできないことだな、と思ってがんばってやっています。両親の加護があると私は思っているのだけど、父も母も安らかに、眠ってもらいたいなと思っているのね。

幸應　もしかしたら、まだ、安らかに眠っていないかもしれないよね。

津貴子　心配はあると思います。というのは、母は時々夢に出てきますから。子どものことだから、親はいつまでたっても子どもを心配すると思う。

幸應　やっぱりね、先程けんかからは何も生まれないと言っていたけど、その通りで、兄妹それぞれの役割をもって、学校を運営、盛り立てつつ、食の大切さ、楽しさ、お子さんからお年寄りまで、『食育』(★)を含めて啓蒙できたら。

津貴子　私と校長は、この学校を守り抜いて、なんとか盛り立ててきてきたでしょ。二人で降りかかりそうになる火の粉を払ったり、風雪に耐えに耐えた日々もあったし、今

★食育対談はP233

でもコロナ禍も続いていて、日々いろんなことがあるけれど、学生さんたちが巣立って、立派に活躍していたり、食の大切さ、『食育』の重要性を法律という形にもできて、学校の存在も国内外問わず評価して頂き、喜びも分かち合ってきた、兄妹であり、会長校長という関係でもありますけど、唯一無二の同士でもあるでしょ。

幸應　食の正しい知識と、楽しさをみなさんにわかってもらって、食が未来を創っていくのだということを広く知らしめていきたいね。

津貴子　お互い忙しいと思いますけど、食は自分を作るということで、私たちが食を通して学んだこと、蓄積してきた知識や経験を、社会還元できるよう、後進を育成しつつ、自分たちも頑張っていきたいわね。父と母、祖母からは、食を極めようとすると厳しい部分もあるけれど、食は楽しいものだというのを、子どもの頃から刷り込まれて、今に至る二人きりの兄妹ですから。

左から 記代子(美以津)、祖父 用三、叔母 映子

コラム　記代子の父と母

用三

津多子

母の両親、私にとっては祖父母ですが、大正時代のおしゃれな人たちの代名詞である、“モボ・モガ”を地でいった人たちだったようです。

祖父は1893年（明治26年）に銀座数寄屋橋で生まれ、銀座で育ち、映画監督をしていました。友成用三と言います。『国境の血涙』という映画で監督デビューし、『燃ゆる情魂 前篇』・『燃ゆる情魂 後篇』『紅扇』（1926年：タカマツプロダクション吾嬬（あづま）撮影所）などでメガホンを取りました。

祖父は脚本家でもあり、まだ子供だった私たち兄妹によく、映画の構想を話してくれました。その中にとても印象的で、今も記憶に残っているストーリーがあります。

「戦国時代のひとりの武将が冷凍状態で雪山で発見されたんだ。解凍したらなんと生き返ってしまったんだよ。武将だから鎧・兜を着ていたんだよ。その格好のまま銀座を案内されながらおっかなびっくり街歩きを楽しんだんだよ。すると物珍しげな現代人たちは、写真を撮ろうと、カメラを向けてくるだろう？　すると武将は『あれは何だ？』とカメラに大いに興味を持った……」など、いろいろなものに関心を持って活躍をする、現代に蘇った武将の武勇伝の物語なのです。

この脚本は、アメリカで映画化されたと聞いています。日本では脚本の賞をいただいたようです。

祖父はカメラに精通していたことから、後年はカメラの開発などをしていました。銀座にあった林商会をご存じの方もおられるのではないでしょうか？　黒いスコッチテリアがシンボルマークのカメラ店です。当時は高価だったカメラを分割払いで購入というシステムを日本で初めて導入したということで有名だったようです。カメラの取り扱い説明書を写真付きで作ったり、当時の国鉄と提携して、いろんな駅やビルでカメラの展示会や講習会などを開催していました。今では普通のことですが、当時は画期的なことだったと思います。本当に想像力が豊かで、楽しい人でした。

祖父の下で働いていたという方にも話を伺ったのですが、やさしくて、包容力があって、若い人たちの相談にも、よくのってくれていたそうです。その方は祖父のカメラの会社を辞めた後、その娘である母が嫁いだ『服部学園』に入社して、現在は理事で日本の食文化史研究家をされている飯野亮一氏です。

祖父は 95 歳で亡くなるのですが、私の息子たち（ひ孫）まで、とてもかわいがってくれました。いろんな人が「優しい人だった」と言ってくださるのを聞くのはとても嬉しいことです。

一方、祖母、津多子はかなりのしっかり者だったようです。長崎のカステラ屋の娘で、エキゾチックな顔立ちの美人だったと聞いています。長崎ですから先祖には外国人がいたのかもしれません。美容の勉強をするために 20 歳で上京し、銀座の美容室に勤めた後、独立し、若くして銀座に自分の美容室を開業するくらいですから、当時の女性には珍しいほど積極的でした。その頃、祖父と出会い、見初められたようです。

銀座のプリンスというあだ名のあった祖父は、祖母にプロポーズするために毎日真っ赤なバラの花束を携えて美容室に通い詰めたとか。当時は大正デモクラシーと呼ばれる時代で、欧米からの自由な思想が日本に押し寄せ、銀座はその情報発信地的な街だったのですが、そんな時代でも祖父の祖母へのプロポーズは注目の的だったようです。

1 年後、ようやく結婚。母はそんな 2 人の長女として生まれました。母（服部記代子）の名前は美以津（みいづ）。芸術の女神ミューズにちなんで名付けられたそうです。どこまでも自由な発想の祖父です。ちなみに母には妹が 1 人おり、妹は映画から 1 文字いただき、映子と名付けられました。

祖母は、母が 9 歳の時に病気で亡くなりました。その後、母たち姉妹の面倒を見てもらうべく後妻さんが来たのですが、身体が弱く、こちらも早逝しました。

後年になって母は私に、後妻さんの介護が大変だったと独り言のようにつぶやいたことがあります。いつも明るい母からこぼれた言葉だったので本当に大変だったんだろうなとしみじみ思いました。

その後、母は 18 歳で『東京高等栄養学校（現服部栄養専門学校の前身）』に入学し、校長だった父に出会いその後結婚します。父は 19 歳上で、再婚でした。この時から母は校長の妻としてまたまた波乱の人生を送ることになるわけです。

7章　服部家秘伝の『思い出』レシピ

母記代子が、心を込めて作ってくれた
思い出の料理の数々。
今なお記憶に残り、引き継がれてきた
服部家の母の味を、和食、洋食、中華、
デザートまで、ここに再現――。

手まり鮨　かき玉

手まり鮨

〈煮穴子〉

開き穴子　30cm程度1尾

- みりん　180mℓ
- しょうゆ　75mℓ(大さじ5)

〈海老おぼろ〉

芝海老(小海老)　100g

塩　少々(茹で用)

- みりん　60mℓ(大さじ4)
- 砂糖　2g(小さじ2/3)
- 塩　少々

〈新しょうがの甘酢漬け〉

※要2日間[漬けるため]

新しょうが(なければ、しょうが★6月から8月が旬のため) 400g

※手まり鮨使用80g(1人分使用20g)

塩　適量

- 酢　120mℓ(大さじ8)
- 砂糖　9g(大さじ1)

かき玉汁

【材料】(4人分)

卵　1個

糸三つ葉(三つ葉)　1/4束

出汁　600mℓ(3カップ)

塩　3g(小さじ2/3)

【材料】(4人分)

米　2合

昆布　10cm

すし酢調味料

- みりん　20mℓ(大さじ1＋小さじ1)
- 砂糖　4g(小さじ1強)
- 酢　50mℓ(1/4カップ)
- 塩　2g(小さじ1/3)

〈三つ葉のおひたし〉

糸三つ葉(三つ葉)　1パック

塩　少々

重曹　1g(小さじ1/3)

- だし　30mℓ(大さじ2)
- しょうゆ　30mℓ(大さじ2)

〈乾ししいたけの含め煮〉

乾ししいたけ5枚(4cm程度のもの)

- 砂糖　18g(大さじ2)
- みりん　5mℓ(小さじ1)
- しょうゆ　5mℓ(小さじ1)

〈薄焼き卵〉

卵　2個

- みりん　18g(大さじ1)
- 砂糖　3g(小さじ1)
- しょうゆ　1mℓ

ごま油　少々

思い出レシピ（1）

3 だしとしょうゆを合わせたものに5分程度浸け、絞ってから、みじん切りにする。

〈**乾ししいたけの含め煮**〉

1 乾ししいたけをさっと水洗いしてから、柔らかくなるまで水に浸け(できれば一晩)、水でよく洗い、軸を取り、粗みじんにする。

2 鍋に①を入れ、砂糖・みりん・しょうゆと水をひたひたに入れ、中火にかけ、沸騰したら弱火にし落し蓋をし、15分程煮る。

3 沸騰したら弱火にし、落し蓋を外し、汁気がほとんどなくなるまで10分程中火で煮たら、火から下ろして、冷ます。

〈**薄焼き卵**〉

1 卵をよく溶いてから、みりん・砂糖・しょうゆを入れて、よく混ぜる。

2 玉子焼鍋にごま油をひき、まんべんなく広げ、中火で熱してから卵焼き器をいったん火から外し、①を入れる。

→次ページに続く

和

薄口しょうゆ	5mℓ（小さじ1）
水溶き片栗粉	少々

（片栗粉大さじ1、水大さじ2）
※だしの作り方は●ページ参照

【作り方】

1 米をよく洗い、同割の水加減→(水の量は炊飯器の内釜に酢飯用の目盛りがある場合は、それに合わせ、水を入れるとよい)。昆布をのせて炊き、20分蒸らす。

2 すし酢の調味料をよく混ぜる。

3 飯台、または、すし桶に米を入れ、②のすし酢をまわしかけ、手早くしゃもじで切るように混ぜ、全体に行き渡ったら、うちわであおいで冷ます。

〈**三つ葉のおひたし**〉

1 糸三つ葉は葉を取り、軸に塩をして5分置く。

2 鍋に水を入れ湯が沸いたら、重曹を加え、①をさっと湯がく。冷水に落として、冷めたら絞る。

中火にかけ、沸騰したら、②を入れ、かき混ぜる。ばらばらになるまでやって冷ます。

〈新しょうがの甘酢漬け〉

1. 新しょうがをよく洗い、小口切りの要領で薄切りする。
2. 鍋に水を入れ火にかけ、沸騰したら①を入れ、1分茹でる。ザルに上げて塩を振る。
3. 鍋に酢・砂糖を入れて中火にかけ、ひと煮立ちしたら、火から下ろして冷まし、②を入れて、2日間漬け、みじん切りにする。

かき玉汁

【作り方】

1. 糸三つ葉は2～3センチ長さに切る。
卵を溶きほぐしておく。
2. 鍋に出汁を入れて煮立て、塩・薄口しょうゆで味を調え、水溶き片栗粉でとろみをつける。
3. ①の三つ葉を入れ、①の卵を菜箸を伝わせるか、穴あきお玉を通して細かく流し入れ、軽く混ぜる。

3. ②を再び火にかけて焼く。表面が乾いて、生地の端が浮いてきたら火を止めて、生地を返す(卵焼き器に菜ばしを1本渡して、手前から生地をめくり、菜ばしに引っかけて返すとやりやすい)。裏側は、表面が乾く程度に焼いて取り出す。長さ3cmの幅3mmに切る。

〈煮穴子〉

1. 開いた穴子を水洗いし、キッチンペーパーで軽く水気を拭き取る。
2. 鍋にみりん・しょうゆを入れ、中火にかけ、ひと煮立ちしたら、①を入れ、10分程煮る。
3. 冷ましてから、5mm角に切る。

〈海老おぼろ〉

1. 芝海老は頭を取り、水洗いして、キッチンペーパーで水気を取る。鍋に水を入れ、沸騰したら塩を加えて火が通るまで4～5分茹でる。
2. ①の芝海老を背わた、殻を取り、水洗いし、再び水気を取ってから、当り鉢(すり鉢)でよく当り、すりつぶす。
3. 鍋にみりん・砂糖・塩を入れて

和

仕上げ

1. 茶碗に7分目に酢飯をよそう。
2. ①を平らにならす。
3. 6等分になるように、箸先ですし飯にしるしを付けておく。
4. 図の向かって右上のしいたけを載せて、薄焼き卵と時計回りに載せていく。
5. 具材が隣にこぼれてしまいそうな時は、③で付けたしるしの上にテーブルナイフを立てておくとやりやすい。

盛り付け図

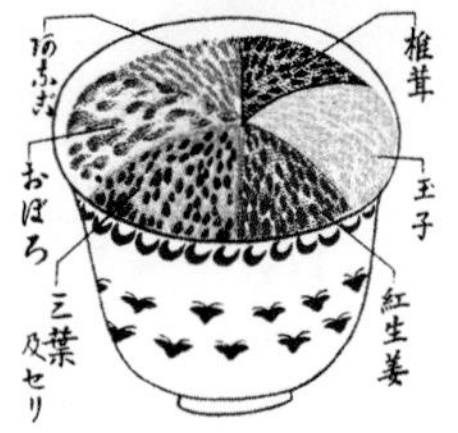

腸東久邇宮家御買上之光栄
『珍らしいお鮨の拵え方　二百種』より

レシピの思い出

今『手まり鮨』というと、ラップで小さく丸く握ったお鮨のことを言いますが、母の手まり鮨は、お椀や丼に具材を手まりの模様に盛り付けたお鮨でした。この本を出版するということで昔の母の書籍を引っ張りだしてきた中に、お鮨の作り方だけで1冊になっている本があります。皇室への献上本だったようで、その本の中にこの『手まり鮨』のレシピがありました。

でんぶ、甘酢しょうが、三つ葉、干ししいたけ、煮穴子、錦糸卵の6種が上に盛り付けてあるのですが、この6種はそれぞれ違う味付け。その作り方がひとつひとつ記してあるので、この『手まり鮨』だけでトータルのページ数にすると、5ページ分くらいのレシピになります。具材を盛り付けた後、最後は蒸して仕上げるようになっており「美術手毬鮨」という料理名になっています。そのままでも、蒸しても美味しく食べられる手まり鮨です。小さく握った現代風の『手まり鮨』は簡単に作れるのですが、これだけ手のかかる原型も皆さんの心にとどめておいていただければ嬉しいです。

ムツの煮つけ

レシピの思い出

白身魚の定番のお料理が煮つけですね。母はムツをよく使っていました。私もムツが一番好きでした。煮たその日の夕飯の魚の煮つけもおいしかったのですが、それよりもこっそりと楽しみにしていたのが一晩おいた後の“にこごり”です。翌朝、あたたかい白いごはんの上に乗せて、“にこごり”が溶けてごはんに沁みていくのを見ながら食べるのは、他にはない格別のおいしさでした。子供心に次の日をとても楽しみにしていました。

最近では冷蔵庫に入れて、ようやく“にこごり”になりますが、昔は冷蔵庫に入れなくてもしっかり“にこごり”になっていたように思います。やはりこれも温暖化の影響なのでしょうか？

付け合わせは季節ごとの旬の野菜でした。ですから、季節によっていろいろ変わります。写真の一番上の黄色は柚子のせん切りです。当時、知人の家に柚子の木があったので、いつもおすそ分けして戴いており、おかげで冬はいつも柚子の香りに包まれていたように記憶しています。

思い出レシピ（2）

和

【作り方】

1. ムツは、3枚におろし、3cm幅程度に切り、熱湯にくぐらせ、冷水に取り、キッチンペーパーで水気を取る。

2. ごぼうは、皮を剥き、一口大に切り、太い部分は4つ割、細い部分は半分に切る。
蓮根は、皮を剥き、半分に切ってから7mm厚さに切る。

いんげんは、ヘタを切り、鍋に水を入れ加熱し、沸騰したらいんげんを入れて2分程度茹でたら、冷水に取り、一口大に切る。

しょうがは、皮を剥き、薄切りにする。

3. 鍋に水・酒・②のしょうが・ごぼう・れんこんを入れて加熱する。
沸騰したら、①のムツを皮目を上にして入れ、灰汁が出たら取り除き、砂糖を入れる。

煮汁が半分になったら、しょうゆを入れ、最後にみりんを入れる。

4. ③を皿に盛り付け、いんげん・あらかじめ切っておいた針柚子を添える。

【材料】（2人分）

ムツ300g（1尾or3枚におろしたもの2切れ）

ごぼう	50g（10cm）
れんこん	50g（1/4節）
いんげん	6本
しょうが	10g（1片）
柚子	1/2個

（調味料）

酒	100mℓ（1/2カップ）
水	200mℓ（1カップ）
しょうゆ	40mℓ
みりん	20mℓ
砂糖	40g

クジラの竜田揚げ

レシピの思い出

『クジラの竜田揚げ』というと、40代以上の方々からは必ず、「懐かしい。学校給食で食べました」とか、「給食の中では一番好きでした」という声が返ってきます。私もたくさん食べました。というのは、昭和30年前後のことだったと思うのですが、大洋漁業（現マルハニチロ）さんから、クジラ肉をおいしく食べるためのメニュー開発の依頼があったのです。当時は、終戦後でお肉は高級品。子供たちのたんぱく源にということで、クジラが注目されたわけです。私の両親は、クジラ肉をおいしく食べるためのメニュー開発に取り組みました。おかげで、兄と私はこの時、毎日毎日、クジラのお料理を食べさせられていました。両親は私たちの反応を見ていたのでしょうね。

たくさん開発されたメニューの中で、一番おいしかったのがこの竜田揚げでした。それが日本中の学校給食で人気者になり、令和の今日でも時々学校給食に出ることもあると聞きます。クジラは江戸時代以前より日本の食文化を代表する食材のひとつ。竜田揚げも皆さんの記憶に残るメニューになっていることは、とても感慨深いです。

思い出レシピ（3）

【作り方】

1. クジラ肉は厚さ5mm、タテ5cm、ヨコ3cmくらいの大きさに切って、おろし玉ねぎに30分間くらい漬けておく。
2. ①に、砂糖・しょうゆ・塩を入れてよく混ぜ、再び30分間漬けておく。
3. ②をふきんに包んでよくく搾り、片栗粉をまぶす。
4. 厚手の鍋に油を熱し、170℃～180℃で③をカラッとなるまで揚げ、油を切って、パセリと、くし切りしたレモンをあしらって盛り付ける。

【材料】（4人分）

材料	分量
クジラ肉	400g
玉ねぎ	100g（1/2個）
片栗粉	100g（1カップ弱）
砂糖	50g（大さじ5強）
塩	5g（小さじ1）
醤油	100mℓ（1/2カップ）
揚げ油	600mℓ（3カップ）
レモン	1/2個
パセリ	少々

和

ハンバーグステーキ

当時、ハンバーグというと、格別なごちそうでした。家では、お誕生日の時とか、お友だちが遊びに来た時にも出て来るメニューで、とっても楽しみにしていた記憶があります。でき上がるのが待ち遠しくて、いつもキッチンで、母が肉だねを丸める様子を眺めていました。お皿に一緒に盛り付けられる付け合わせの定番は、粉ふきいもと、茹でてバター炒めにしたほうれん草と、にんじんグラッセ。玉ねぎのフライや、茹でたいんげん、カリフラワーなども出て来ていました。目玉焼きや、マッシュポテトで作ったお花が添えられていたこともありましたね。時々、別皿でポテトサラダを出してくれたのですが、これがまた絶品でした。

ハンバーグは、明治時代の文明開化のすぐ後に日本に入ってきました。日本では合い挽き肉を使いますが、これは日本だけ。海外では、ほとんど牛肉だけで作られます。今も子供の大好きなメニューとして必ず名前が上がるハンバーグ。今後もずっと「ママのハンバーグ」として子供たちの心を豊かにしていってくれると思っています。

思い出レシピ（4）

【材料】（2人分）

Ⓐ
- 牛ひき肉（脂肪の少ないもの）250g
- 玉ねぎ　50g（1/3コ）
- 食パン（耳を取って1cm角に）25g（4枚切1/4枚）
- 牛乳　30g（大さじ2）
- 卵　20g（1/3コ）
- 塩　1.5g
- ナツメグ・こしょう　少々

有塩バター　15g
サラダ（オリーブ）オイル　少々
白ワイン　30g（大さじ2）

（ソース）※ボールで合わせておく

Ⓑ
- ケチャップ 50g（大さじ3）
- ウスターソース 25g（大さじ1・1/2）

〈にんじんのグラッセ〉
にんじん　1本（140g）
有塩バター　20g
水　100mℓ（1/2カップ）
塩・こしょう　少々
グラニュー糖　0.5g

〈ほうれん草のバターソテー〉
ほうれん草　80g（4枚）
有塩バター　15g
塩・こしょう　少々

〈粉ふきいも〉
じゃがいも　150g（1コ）
塩　0.7g

【作り方】

1. 食パンは牛乳に浸し、細かくほぐす。
2. フライパンを温め、バターを入れ、玉ねぎをキツネ色になるまで炒め、皿に取り、粗熱を取る。
3. ボールにⒶを入れ、粘り気が出るまでよく混ぜ合わせる。
4. 種を4等分し、手に油を塗り、軽く形を整えたら、左右の手のひらに交互に打ちつけて、小判型に成形する。
5. フライパンにサラダオイルを熱して、④を入れ中火で1分焼き、弱火で3分蓋をして焼き、返してから弱火で蓋をして4分焼く。
6. 蓋を外して白ワインを加え、強火にし、一度沸かして中火で1分焼く。
7. ⑥にⒷを加え、ハンバーグと絡める。

〈にんじんのグラッセ〉
① にんじんは皮をむき、厚さ5mmの輪切りにし、面取りをする。② 鍋にバターを熱し、①のにんじんに塩・こしょう・グラニュー糖を加え、さっと炒めてから、水を入れる。③ ②に落とし蓋をし、水分が無くなるまで火にかけ、仕上げに落とし蓋を取り、強火にしバターのツヤを出す。

〈ほうれん草のバターソテー〉
① ほうれん草は茹でて、5cm幅に切る。
② フライパンにバターを入れてほうれん草をソテーし、塩・こしょうする。

〈粉ふきいも〉
① じゃがいもを乱切りにし、茹でる。② ザル上げしてから鍋に戻し、弱火で水分を飛ばし、塩で味を調える。

洋

カニ・マカロニグラタン

レシピの思い出

我が家の両親は常に料理や食材の研究に励んでいました。1950年前後は、水産缶詰の生産がピークで、鮭缶、蟹缶などが盛んな時代でした。その頃(1951年)ナチュラルチーズの輸入も自由化され、高品質のチーズが手に入れやすくなっていました。このグラタンは、時代を象徴するメニューでした。

母は、タラバガニの足がたっぷり入った缶詰が手に入ると、手作りのホワイトソースと、粉チーズを使って作ってくれました。周囲を飾っているのは、マッシュポテトです。搾り袋で作るこのデコレーションは、ケーキのようで子供心をワクワクさせてくれました。オーブンの中で"ふつふつ"とグラタンが焼ける様子を眺めるのが大好きでした。出来上がりを"ふぅふぅ"しながら、それでも熱くて、「熱い熱い」と大騒ぎしながら食べたのは、いい思い出です。豪華な大洋漁業(現マルハニチロ)の金線蟹缶と、とろーりとろけるホワイトソースやチーズの味は絶品。母を思い出す時に一番に出て来る、懐かしいお料理です。

思い出レシピ（5）

【材料】（1人分）

蟹缶	1缶
有塩バター	20g
玉ねぎ	80g（1/2コ）（みじん切り）
小麦粉	10g（大さじ2）
牛乳	200mℓ（1カップ）
マカロニ	40g
塩	少々
パルメザンチーズ	5g（すりおろし）
パセリ	少々

〈ポムデュシェス〉（1人分）

じゃがいも	150g（1コ）
バター（有塩）	15g
牛乳	70mℓ（1/4カップ）
卵黄	1/2子
塩	少々

【作り方】

1. 鍋にお湯を沸かして、ティースプーン1杯ほどの塩（分量外）を加え、マカロニを袋の通常時間より1分短く茹でて、ざる上げしておく。
2. 鍋にバターを熱し、みじん切りにした玉ねぎを炒め、しんなりしてきたら、小麦粉を加え、なじませ、粉っぽさがなくなるまでよく炒める。
3. ②に牛乳と蟹缶の汁を加えて火にかけ、絶えずへらで混ぜながら、とろみが付き、滑らかなソースになるまで煮込む。
4. ③に①のマカロニ・カニ身を加え、ひと煮立ちさせ、塩・こしょうで味を調える。
5. **ポムデュシェス**を作る。鍋に適当な大きさに切ったじゃがいもを入れて、かぶるくらいの水を入れて、強火で加熱する。沸騰したら、火を中弱火にして15分程度茹でる。
6. 茹で上がったら、ざるにあけて水気を切ってから、じゃがいもが温かいうちにつぶして、裏ごしする。バター・牛乳・卵黄を加えてよく混ぜ、塩で味を整える。
7. グラタン皿に④を流し入れ、⑥を絞り袋に入れて、グラタン皿の周囲に絞り、パルメザンチーズとパセリをふる。
8. 200℃に予熱したオーブンで7~8分、表面にうっすらと焼き色がつくまで火を通す。

洋

ポンパドールスープ

レシピの思い出

16世紀に、メディチ家のカトリーヌ・ド・メディシスがフランス王妃に迎えられ、フランス料理が大きな変化を遂げました。料理に人名をつけるという習慣もこの頃に始まったものです。かの有名なポンパドール婦人のために作られた、数多くのお料理の中のひとつがこのコンソメスープ。さっぱり食べられる夏の料理として考え出されたものです。写真でもわかる通り、全く濁りがないのが特徴です。

今ならキューブや粉末でコンソメは簡単に家庭で作れますが、当時、母はコンソメを一から作っていました。この透明感を出すには、アクをこまめに取りながら、長時間根気よく煮込まなければなりません。決して沸騰させないように。味わいは、とにかく優しい。病気の時、疲れた時に飲むと速攻で元気になるようなお味でした。

具のクネルは、鶏ひき肉で作ったものです。しいたけも海老もスープの味を壊すことなく、お互いに引き立てられた心にも浸み入るスープでした。気性の激しいイメージのあるポンパドール婦人もこのスープを飲むと気持ちが穏やかになったのかもしれませんね。

思い出レシピ（6）

【作り方】

1. 鶏の骨は出刃包丁やキッチンばさみなどでできるだけ細かく叩く。
2. 鶏胸肉を使用する場合は細かく挽いておく。
3. 野菜類は全て2mm程度の薄切りにする。
4. 鍋に①の鶏ガラ・②または市販の鶏挽肉・卵白・③の野菜類を合わせてゴムベラでよく混ぜ、塩と水を加える。
5. ④の鍋を火にかけて、へらで混ぜながら、材料が全て浮いてきたら、混ぜるのを止めて、火を弱くし、2時間煮る。
6. スープを細かなフィルター(コーヒーフィルター、漉し器)で漉し、少し煮詰める。
   味を見て、塩が足りなければ塩少々(分量外)で味を調える。
7. **鶏のクネル**は、胸肉を叩いてよくすり潰し、塩・こしょうをし、生クリームを加える。スプーンを2つ使って、ラグビー型のクネルの形にして、スープの中で火を通す。
8. 小海老は、皮ごと洗って背ワタをとる。
9. 鍋に水と塩を入れ、火にかけ、沸騰してきたら⑧を殻つきのまま入れ、よく火が通るまで茹でる。
10. わけぎは斜めに小口切りにし、しいたけは千切りにして、⑥のスープの中でさっと火を通す。器に⑦のクネル・⑧の海老・しいたけを盛り、スープを注ぎ、仕上げにわけぎを添える。

洋

【材料】(?人分)

〈**鶏のコンソメ**〉

鶏ガラ	1.5羽分
鶏胸肉(ミンチ：市販のものでも)	300g
玉ねぎ	90g(1/2コ)
にんじん	60g(1/2コ)
セロリ	30g(1/2本)
卵白	70g(卵2ヶ分)
水	3ℓ
塩	5g(小さじ1)

〈**鶏のクネル**〉

鶏胸肉	60g
生クリーム	20g（大さじ1・1/4)
塩	少々
小海老	2枚
しいたけ	1枚
わけぎ	少々

※クネルとは肉や魚などをすりつぶして、卵・パン粉・調味料などを加えて円筒形、球状にし、ゆでたり蒸したりしたもの。

糯米珍珠丸（紅白もち米蒸し団子）

ノウミィチンジュワン

レシピの思い出

肉団子なのですが、もち米をつけて蒸すことで、花のように見えるかわいらしい料理です。今でいうならば“映え料理”？女の子のお友だちが来る時など、母がよく作ってくれました。半分はもち米の色を活かし、半分は食紅で薄紅色に仕上げるので、紅白饅頭ならぬ、「紅白肉団子」として、おめでたい席の会食にリクエストも多かったようです。

うちはお客さまが多い家でしたので、母は1回に100個以上を作っていたと思います。ひとつひとつ作るのが大変なので、私もよく駆り出され、丸めてはもち米をつけてと、何度も何度も手伝いをしました。

私たち兄妹もこの肉団子が大好きで、食卓に出すと競うように食べるものですから、家族だけの時でも、50個以上作っていましたね。皿の上の肉団子は“あっ”という間になくなりましたから、母も作り甲斐があったのではないでしょうか。

思い出レシピ（7）

【作り方】

1. もち米は洗って2時間以上水に浸けてから、ザルで水気を切る。
色をつける場合は、もち米半量を食紅を溶いた水に2時間以上浸ける。

2. 玉ねぎをみじん切りにし、豚ひき肉、水気を切った干し貝柱を戻したものをボールに入れ、調味料を加え、しっかりと粘りが出るまで練る。

3. ②を１つ直径4cm程度（25g程度）に丸め、①のもち米を、まんべんなくまぶす。

4. セイロに薄く油を塗って、③を隣同士がくっつかないように並べ、強火で約12分蒸す。

【材料】（20個分）

もち米	1.5カップ
（あれば食紅）	
豚挽肉	350g
玉ねぎ	120g（1/2コ）
干し貝柱を戻したもの※	20g
干し貝柱を戻した汁	30g

※干し貝柱と水を器に入れ、ラップをかけ2時間蒸したもの（干し貝柱約10gと水約60gを蒸すと、だいたいレシピ使用分となる）
※干し貝柱の入手が難しい場合は、帆立の水煮缶で代用できる。

（調味料）

塩	4g
砂糖	3g
こしょう	少々
片栗粉	30g（大さじ6）

食紅	少量

中

煎芙蓉蟹肉(ジェンフゥロンシェロウ)(あんかけカニ玉)

レシピの思い出

いわゆる“かに玉”です。甘酢あんが“とろーり”とかかった。

これがなぜ好きだったかというと、甘酢につきます。口の中で“とろーり”とした甘酸っぱさが広がっていくのですが、本当に美味しくて忘れられません。

テーブルで母がピザのように三角に切り、それぞれの皿に取り分けてくれるのですが、「甘酢あんをたっぷりちょうだい」といつもおねだりしていました。

日によって、同じ配合の甘酢がとっても酸っぱかったり、逆に甘かったりもしていましたね。酸味の感じ方は、ストレス具合を見るバロメーターにもなります。ストレスが溜まっている人は酸っぱさを感じにくいと言われています。

兄もこの料理が大のお気に入りでしたから、食卓に頻繁に出て来ていました。母は、私たちの反応を見て、その日の身体や心の健康状態を見てくれていたのかもしれません。

思い出レシピ（8）

【作り方】

1. 卵を割りほぐし、塩・こしょうを入れてよくかき混ぜる。
2. ①にカニの身・グリーンピース・みじん切りにした長ネギを加え、さっと混ぜる。
3. 熱した中華鍋、またはフライパンに油をひき、中火にし、卵液を一気に入れて大きくかき混ぜ、全体に火が通ったら形を整えてから、裏返して中火で30秒程度焼き、皿に盛る。
4. 鍋で餡かけ用の調味料を温め、水溶き片栗粉をまわし入れ、混ぜて、とろみをつける。
5. 仕上げにごま油を加え、香りと艶を出し③にかける。

【材料】（1人分）

カニ缶（カニのほぐし身）　30g（1/4缶）
グリンピース　20粒
たまご　3個
塩・こしょう　少々
長ネギ　10g（小さじ2）

〈餡かけ調味料〉（2人分）

紹興酒　10g（小さじ2）
しょうゆ　5g（大さじ1/2）
砂糖　15g（大さじ1.5）
こしょう　少々
酢　15g（大さじ1）～（お好みで）
塩　極少量
鶏ガラスープ　200mℓ（1カップ）
油　大さじ1.5

水溶き片栗粉
- 片栗粉　大さじ1
- 水　大さじ2

ごま油　5g（小さじ1）

中

ビーフン炒め

レシピの思い出

「なぜ台湾料理？」と思われるかもしれませんが、父方の祖父が祖母と一緒に台湾に赴任していたことがあり、その時、祖母は台湾料理を多く学んだようです。その知識や技術を母も引継いだのですね。ですから、母のレパートリーにも名立たる台湾料理が入っていました。

もちろん家でも、いろんな台湾料理が出てきましたが、その中で私が一番好きだったのが『ビーフン』です。正直に言うと、母が『ビーフン』に必ず添えてくれていた煮卵が一番好きでした。今でいうところの煮ぬき卵ですね。ゆで卵をしょうゆで煮たもので、しょうゆの色が濃くついた卵でした。

台湾では『ビーフン』には干し海老が使われるのですが、母は駿河湾産の干しさくら海老を使っていて、煮卵を崩しながら、さくら海老の『ビーフン』を一緒に食べていたのが、子供心に強く残っています。いくらでも食べられるので、母は煮ぬき卵を沢山作ってくれたものでした。

思い出レシピ（9）

【材料】（2人分）

ビーフン（乾燥）	100g
玉ねぎ	45g（1/5個）
キャベツ	60g（2枚）
にんじん	30g（1/8本）
乾ししいたけ（水で戻す）	2枚
もやし	40g（1/5パック）
豚バラスライス	70g（2枚）
サクラエビ	10g（大さじ2）
（調味料）	
しょうゆ	6g（大さじ1/2）
砂糖	1g（小さじ1/3）
紹興酒	10g（小さじ2）
鶏がらスープ	50mℓ（1/4カップ）
ネギ油	3g（小さじ1）
ゴマ油	3g（小さじ1）
塩	5g（小さじ1）
こしょう	少々
煮卵（作りやすい分量）	
ゆで卵（かた茹で）	10個
（煮卵調味料）	
しょうゆ	200g（1カップ）
砂糖	120g（大さじ12）
水	300mℓ（1.5カップ）
八角	少々
桂皮	少々

【作り方】

1. ビーフンはたっぷりの湯にサラダ油大さじ1（分量外）を入れ、2分ほど茹で、ザルに上げ、水気を切る。
2. 玉ねぎ・キッチンペーパーで水気を取った乾ししいたけは5mm幅、キャベツはひと口大、にんじんは長さ5cm幅5mmの細切り、にらは長さ5cm、豚バラ肉は幅2cmに切っておく。もやしはヒゲ、根を取り、さっと洗って水気を切る。
3. ボールに調味料をすべて混ぜ合わせておく。
4. フライパンにサラダ油大さじ2（分量外）を入れ、①のビーフンを両面焼き、バットに取り出しておく。
5. 同じフライパンに②の豚バラ肉を入れて炒め、油が出てきたところで、②の野菜を加え、さらに炒める。④のビーフンを戻し入れ、全体がなじむように炒める。
6. 調味料とサクラエビを加え、水分を飛ばすように炒めて器に盛り付け、煮卵を添える。

〈煮卵〉

1. ゆで卵の殻にヒビを入れ、鍋に調味料を沸かし、ゆで卵を入れ、20分ほど茹でる。
2. 火を止めてそのまま冷まし、調味液に漬けたまま、冷蔵庫で一晩おき、使用する時に殻を剥く。

中

フルーツロール／ロールカステラ

レシピの思い出

ロールケーキと言えば、今は真ん中にたっぷりの生クリームが入ったものが人気のようですが、私の子ども時代は、この二つの“ドーン”と大きいロールケーキが主流でした。

お客さまがお見えになる時に作って、お土産に差し上げることも度々でしたが、私には家族の団らんによく登場していたケーキとして、強く印象に残っています。両親ともに忙しい家庭で、それでも母は、週末に私たち兄妹とゆっくりおしゃべりする時間を作ってくれていました。母はミルクティー、兄はレモンティー、私はまだ小さかったのでホットミルクを飲みながら……そんなこともよく覚えています。

緑のアンジェリカと赤のドレンチェリー、懐かしいですね。当時はこの赤と緑がとても流行していました。中に塗ってあるのは、『ロールカステラ』がりんごジャムで、『フルーツロール』があんずジャムです。どちらも母が作り置きしていたジャムを使って、作っていました。ロールにしていくのを見るのが楽しくて、よく「手伝わせて」とせがんだものです。

思い出レシピ（10）

【材料】（それぞれ8切分）

〈フルーツロール〉

砂糖	240g
卵	7個
水	1/3カップ
はちみつ	60g（大さじ5）
香料レモン	少滴
小麦粉	200g
アンズジャム（お好みのジャム）	80g（大さじ8）
ドレンチェリー（オレンジピール ※シロップがたっぷり付いたフルーツ）	20粒
アンゼリカ	3本
水	霧吹き用

〈ロールカステラ〉

砂糖	240g
卵	7個
水	80mℓ（大さじ6）
水あめ	40g（大さじ3）
小麦粉	200g
リンゴジャム	80g（大さじ8）
香料バニラ	少滴

【作り方】

1. 大きめのボールに砂糖・卵・水・はちみつを入れ、泡だて器で混ぜながら、湯せんか、ごく弱火にかけ、あたたまってきたら火から下ろし、力強く十分に泡立てる。絶対に高温をつけないよう注意すること。
   ※泡立て器で生地をすくって落としてみて、生地がリボン状になる位まで十分に泡立てる。
2. ②に香料レモン（ロールカステラは香料バニラ）を入れて風味をつけたら、ふるいにかけた小麦粉を、手早く混ぜ合わせる。
3. 天板に敷き紙（クッキングペーパーで可）を敷き、チェリーの薄切りと、アンゼリカの薄切りを花模様に並べ（ロールカステラは不要）、その上から②の生地を静かに流し入れ、平らにし、170℃に予熱したオーブンで20~30分焼く。
4. ケーキクーラーか、平らな所に紙を敷き、③のスポンジをあけ、霧吹きで焼き面をしっとりさせてから、ふきんをかけて冷ます。
5. ④の敷紙を取り、大き目の布か紙を用意して、チェリー・アンゼリカ面を下にし、スポンジの両端、巻く方向の上下端から5cm程度にアンズジャム（ロールカステラはリンゴジャム）を薄く塗る。なるべく真中面は、甘くなりすぎないよう、塗らない方がよい。
6. 内側にロール状に巻き、30分程度、しっかりなじむまで置いて、3cm位の厚さに切る

デザート

ベークド・アップル

レシピの思い出

「りんごが赤くなると医者が青くなる」とも言われる程、健康にいいりんごです。母もあの手この手で、りんごを食べさせてくれました。例えば、風邪をひいた時には、すりおろしてくれたり、それがすっぱい時にはハチミツを足してくれたり。

おやつにも度々登場しました。回数が多かったのはアップルパイだったのですが、私が一番想い出深いのがこの『ベークド・アップル』です。

芯をくりぬいた中にバターとチョコレートが入っています。オーブンを覗くと、りんごの果汁や、バターやチョコレートがフツフツと湧いてきて、溢れてしたたり落ちてきます。このビジュアルだけでも食欲をそそりますね。

りんごは秋から冬が旬で、いろんな種類が出回りますが、母は“紅玉”をよく使っていました。酸味が強いけれど、カスタードやハチミツなどの甘いものとの相性が抜群なのです。

日本はりんごの消費が減少していると聞きます。「1日1個のりんごは医者いらず」とも言います。もっと積極的に食べてほしいですね。

思い出レシピ（11）

【材料】（5人分）

りんご（紅玉）	5個
砂糖	40g（大さじ5）
チョコレート（刻む）	40g
レーズン（刻む）	35g（大さじ3）
バター	40g（小さじ5）
白ワイン	10g（小さじ2）

〈メレンゲ〉

卵白	卵1個分
砂糖	20g（大さじ2）

【作り方】

1. りんごを水洗いして繰り抜き器またはスプーンで芯を抜く。薄い塩水に3分程度浸けてから、水気を切る。
2. 深めの耐熱容器に、天板にくっつかないように①のりんごを並べる。
3. 砂糖と刻んだチョコレート・刻んだレーズンを混ぜ合わせて、①のりんごの芯部分に詰め、白ワインを入れ、バター小さじ1ずつを上にのせる。
4. ②の耐熱容器に、水をりんごの1/10の高さに入れる。160°Cに予熱したオーブンで30~40分焼く。
5. 焼けたら④を皿に盛り、上からメレンゲを飾る。

〈メレンゲ〉

ボールに卵白を入れ泡立て、途中砂糖を3、4回に分けて入れ、つのが立つくらいのしっかりしたメレンゲを作る。

デザート

ミルクゼリー(3種：イチゴ/プレーン/ココア)

レシピの思い出

子どもの時、「一番好きな食べ物は何？」と聞かれたら、迷うことなく『ゼリー』と答えていました。母はおやつに色とりどりのゼリーを作ってくれていました。私の中でのトップ3が“ミルク”、“いちご”、“チョコレート”です。ゼリーが冷蔵庫で固まるまでの1～2時間が待ちきれず、何度も冷蔵庫を開けたり、指でつついて固まり具合を確かめたりするものですから、よく叱られていました。

小学校の参観日に、私の担任が母に「おうちで困ったことはないですか？」と尋ねた際、母は「この子はゼリーが固まるのを待てないんです」と答えました。とても恥ずかしかったのを覚えています。

フルーツがたっぷり入っていることも多かったですね。みかんや桃の缶詰は年間でよく食べましたが、いちごや、スイカなど季節のフルーツが生で入っていると一層嬉しかったです。大きい器で作って、ケーキのようにカットして取り分けてくれることもありました。盛り付けや演出を変えることで、また新しいものに出会ったような気持になりますよね。見せ方も大切だということを学んだように思います。

思い出レシピ（12）

【材料】（4人分）

〈いちごミルク、プレーンミルク〉

	粉ゼラチン	15〜20g（大さじ3）
	水	100mℓ（1/2カップ）
Ⓐ	水	50mℓ（1/4カップ）
Ⓐ	砂糖	90g
	牛乳	350mℓ（1・3/4カップ）
	いちごシロップ	2〜5g（小さじ1）

〈ココアミルク〉

板ゼラチン	8〜10g
ココア	15g
砂糖	60g
牛乳	200mℓ（1カップ）

【作り方】

1. 粉ゼラチンに水を加え、戻しておく。
2. 鍋にⒶを入れ、火にかけ、砂糖がとけたら、①のゼラチンを加え、とかし、牛乳を加える。
3. ボールに②を茶こしで漉し入れ、2等分にし、半分はそのままで、もう半分はいちごシロップを加える。
4. ③をボールごと氷水でとろみが付くまで冷やし、型に流し入れ、2〜1時間冷蔵庫で冷やし固める。

ココアミルク

5. 板ゼラチンは冷水で戻し、水を切る。
6. ボールにココア・砂糖を入れ、弱火にかけ、よく混ぜる（焦がさない）。溶けてとろみがついたら、牛乳を加えて混ぜ、ココアが溶けたら⑤のゼラチンを加え、とけたら茶こしで漉す。❹の工程と同じ。

さわやかレモンゼリー（3種）

【材料】（4人分）

粉ゼラチン	18~21g 戻しておく（大さじ3~4）
水	100mℓ（1/2カップ）
水	700mℓ（3・1/2カップ）
グラニュー糖	100g
レモン汁	40mℓ（大さじ3）
レモン皮	1個分
白ワイン	30mℓ（大さじ2・1/3）
いちごシロップ	10mℓ（小さじ2）
ペパーミントシロップ	15mℓ（大さじ1弱）
色素（黄色）	少々

1. 粉ゼラチンに水を加え、戻しておく。
2. 鍋に水・砂糖・レモンの皮を入れて、火にかけ、沸騰したら、①のゼラチンを入れとかす。
3. ②を茶こしで、ボールに漉して、ボールごと、氷水の上で粗熱を取り、レモン汁・白ワインを入れ3等分に分け、それぞれシロップと色素を入れる。
4. 型に流し入れ、2~3時間冷蔵庫で冷やし固める。

服部家秘伝の『思い出レシピ』に寄せて

この度の出版に伴い、母の昔の料理を再現することとなり、和食、洋食、中華、製菓とある意味選りすぐりの三点ずつを選んでみました。もちろん母は料理家ですから、料理はどれをとってもおいしかったのですが、それぞれのレシピにエピソードをつけさせて頂きましたように、私が大好きだったもの、母がよく作ってくれていたものなど、私的な観点を加えての選りすぐりの12点です。

レシピと共に思い出すのは、母が今はなき中野の家のお台所に立って、まな板の上で包丁をトントントンと小気味よく食材を切る様子、ハンバーグやしゅうまいなどの肉ダネを捏ねたり成形したりする様子など、数え上げたらきりがありません。しゅうまいを蒸している時の湯気、ハンバーグがじゅうじゅうと焼ける音、そのうち、母がひく出汁の香り、甘さを伴った焼きリンゴ、ロールケーキの焼き上がりの香りなども、視覚、嗅覚をはじめ、時を越え、五感全てに母の料理が蘇ってきて、胸に熱いものがこみ上げてくることもありました。私自身が少女時代に返ったかのように、母が作ってくれた料理と共に、子どもの頃の記憶を思い起こすことは、私にとって幸せな時間ともなりました。

母は亡くなってしまいましたが、母のレシピを現代風、私風な解釈を加え、こうして作る機会を持ち、料理家として、服部記代子の娘として、母はレシピと共に、私にも、学園にも寄り添ってくれているのだと思い至りました。再現された母の味は、母亡き後、休む間もなくここまで走り続けてきたというのもあってか、私の心に沁みてきて、不思議と今まで以上に、生きる勇気が湧いてきました。

それぞれ思い出に残る料理ですが、母のレシピは、まだまだたくさんあるので迷ってしまったのも事実。昔の人の丁寧さを敢えて残してのレシピですので、現代の時短レシピとは一線を画す部分もございますが、古き良き時代の日本の食に思いを馳せて、またの機会にご紹介できればと思います。

8章　生きる力を育む服部流『食育』

料理家の家に生まれ、幼少から『食育体験』を共にしてきた服部兄妹の『食育』対談に加え、『後世に伝えたい食育レシピ』、取っておきの『免疫を整えるレシピ』などを紹介――。

服部兄妹『食育』対談

服部幸應×服部津貴子

食品ロス、食料自給率など、家族にとっての食の国家的な問題、孤食、偏食、メタボリックシンドロームなど家庭、個人の問題などが、取り沙汰される日本社会――。人々の『食』のあるべき方向、『食育』のあり方、未来の「食」についてなど……

――食べたものが自分を創る

幸應　〝食〟っていう字ってよくできていると思わない?

津貴子　父と母も同じことを言っていた気がする。

幸應　そうだったね、〝食〟って、『人に良い』と書けるんだよね。つまり人を良くするのが食というわけ。ですから、『食から人を良くしていこう』という教育が、『食育』なんだよね。単に、食の知識を得るということではなく、いろんな経験や体験を通して、食に関する知識を身に着けた上で、食を選択する力をつけて、健全な食生活を送っていく、そういった日常を当たり前としていくということなんだよね。

津貴子　食育というと、食の知識や、農作物を作ってみることだけだと思っている方もいらっしゃるのよね。食育は食について知って、学んで、健康に生きて、食を楽しむということ。食の知識を身に着ければ、自ずと健康的な食生活を送るでしょうし、結果、食を楽しんで、心を豊かにして、人生もより楽しいものになるのではないかと。

幸應　何かを楽しむということに、健康が一番ベースにあるよね。そこは、健康と食は切っても切れない関係。

津貴子　食べたものが自分を創るのね。つい30分前に食べたもので自分ができているとなると、気を付けようと思いますね。食べる力は生き力ですもの。

幸應　本当は、食育という言葉なくしても、ご家庭の食事で、そういった部分を、自然と学び、身に着けていくというのがいいのだけれど、残念ながら昨今は特に、お父さんもお母さんも忙しい、おじいちゃんおばあちゃんと同居されていることも、うんと少なくなってきて、なかなか、家庭では難しくなっていますからね。

津貴子　昔みたいに3世代、4世代が同居する大家族というのは今の日本ではほとんどないのよね。核家族化が進んで、お母さん方も専業主婦という方も少なくなって、家庭内で、『衣食住』の知恵を受け継いでいくことも、薄れてきているのよね。私も、子どもを育てながら、母が亡くなって29歳から働いてきていて、サポートしてくれる人の手を借りながらでも、子育てって、マニュアル通りにいかない大変さを実感していますからね。ほんと、電化製品やＩＴなんかで生活は便利になっているのにね。分刻みのスケジュールをこなしながら働いている方もたくさんいらして、今のお母さん方は、家電やＩＴがなかった時代とは違った忙しさで大変だと思います。

――食育とＳＤＧｓ、ＥＳＧ

幸應　僕たちは、両親は忙しかったけど、料理家である父、母、祖母を持ち、家庭内でもある意味、食の英才教育をほとんど生まれてすぐ位から受けているし、自身も食というものを職業にしてきているから、食べ物の知識、意義、日本の祭事、行事に関連した晴れの日の食事など、日々勉強ではあるけれど、十二分にわかっているべき立場でしょ。

津貴子　服部家では、ありがたいことに、食べ物の大切さというのを、滾々と諭されたわけでではなく、日頃から自然と学び、考える環境がありましたからね。食育というと、栄養や調理だけではなくて、食べ物への感謝の気持ちがまずあって、食事のマナー、家族のつながり、心と身体の健康、そこから、命について考え、自分たちの生活している環境についても考えるという、ＳＤＧｓの概念にもつながっていくのよね。

幸應　一人一人の食が、日本の未来につながっていくんだよね。僕が35年近く食育について考えてきて、気づいたのは、ＳＤＧｓと食育が密接に関わっている、ということ。ＳＤＧｓに掲げられている項目は、次のように、食育の視点でも当てはまるのね。

1.　食に安心と安全を

①貧困をなくしましょう
——開発途上国だけではない、自分の身近な貧困についても考えよう

②飢餓を無くしましょう
——食料援助について、意識的に選食して支援をする

③すべての人に健康と福祉を
——心身共に健康になれる食を心がける

④安全な水やトイレを世界中に
——水について知って、日頃から大事にする

2. 平等を生活と仕事に

⑤ジェンダー平等を実現する
――分け隔てなく、みんなで食卓を囲む

⑧働きがいと経済成長の両立
――無駄のない食、食産業によって経済成長を支える

⑩人や国による不平等をなくす
――選食、共食によって、国、地域、宗教を超えた平等な社会、世界

⑯平和と公正をすべての人が享受する
――社会的弱者にも希望と可能性を

⑰パートナーシップで目標を達成する
――グローバルなパートナーシップを強化する

3. 教育と知恵による優しい経済

④質の高い教育をありとあらゆる人に
――食育を充実させてＳＤＧｓを実現

SDGs=Sustainable Development Goals=持続可能な開発目標）は、2015年9月の国連サミットで国連加盟の193ヶ国の全会一致で、2016年から2030年までの15年間で達成することを目指し掲げられた国際目標。世界中の国や地域が抱える経済、社会、環境など様々な分野の課題を解決すべく、17の目標と、それぞれの具体的な事例として合計169の"ターゲット"が設定されている。

ESG：E＝環境(Environment)、S＝(Social)、G＝ガバナンス(Governance)の頭文字を取って作られた言葉で、SDGsの達籍に向けたプロセスの1つ。この3つの観点から企業が、環境にやさしいか、働き方改革や人権など社会課題に対処しているかなど、的確な在り方を判断するためのもの。
SDGsは「目標」であり、ESGはその目標を達成するために企業が取り組む「手段」だと言える。

⑦エネルギーをみんなに、その後はクリーンに
――作って、選んで、使うまでのエネルギーを正しく認識する
⑨産業と技術革新の基盤を作る
――循環型エコノミー
⑪住み続けられる街づくり
――災害に強く支え合える街

4. 自然と調和した食生産

⑫つくる責任 つかう責任
――持続可能な生産と循環を意識した資源利用
⑬気候変動に具体的な対策をする
――温暖化に配慮して生産する
⑭海の豊かさを守る
――海洋資源を守る漁業・養殖、海洋汚染を防ぐ生活
⑮陸の豊かさを守る
――森林や土壌を守れる生産

SUSTAINABLE DEVELOPMENT GOALS

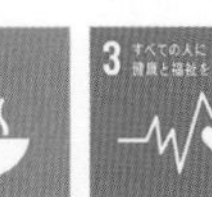

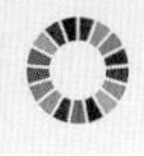

幸應　こうやって分類してみて、教育＝食育が、日本だけではない世界の未来に関わってくるのが自分でも整理されてきて、改めて食、食育の大切さを、自分でも実感することになったね。さらにはＥＳＧという言葉も、昨今聞かれることが多くなったのではないでしょうか。

津貴子　ＳＤＧｓ、ＥＳＧ共に、食と密接な関わり、ご家庭の食卓ともきってはきれなくなってきていますからね。

幸應　ＥＳＧはＳＤＧｓの目標と合わせて、これからの社会の水準に関連するため、一気に『地球環境の重要問題』となっているのです。

――食で世の中を幸せにする

津貴子　日本の社会の中で、家族の団欒というのは、子どもたちにとって、食を通じて様々な知識を得る機会でもあるのだけど、現状、難しいでしょ。では、社会全体で、その機会を作っていこうと、日本の教育の基本、『知育・徳育・体育』に『食育』を加えましょうということで、私たちをはじめ関係者、各所の方ががんばってきたのよね。家庭外の学校教育、地域社会教育を通して、子どもたちに食べることに興味を持ってもらって、大切さや知識を得てほしい。

幸應　それを、また自分の子どもや孫に伝承していってほしいね。

津貴子　私も海外に行ったり、日本でも外国人の方々と話したりして、そういったことを、各国の方も、国籍、文化や宗教を超えて大事に思っている方がけっこういらっしゃるというのがわかってきて。食は、世界共通、時代が変化していく中で、それぞれの伝承、文化においてとても重要なものですから、食育がどんどん広がっていってほしい。

幸應　日本の未来、世界の未来、地球全体の未来にとっても食育は大事。健康長寿、家族のあり方、社会、文化、環境、経済など、ありとあらゆる面から、僕たちの生活に、大きな比重を占めている。食は欠かせないもの。２０２０年からの世界的な感染症の問題により、人類はまた壁にぶつかっている。僕たち自体も、壁を受け止め、打破していくべく、社会の変化によっても、学んだり、立ち止まったりしながら、個人だけでない、食育には世界を変える力もあると確信してきて、生涯かけて広めていきたいね。

津貴子　食で世の中を幸せにする、というのは父の代からの変わらず、次の代の母の夢、目標でもあり、服部栄養専門学校の基本理念でもあるのよね。食育について、次の代、その次の代と継承されていく土台を、私たちも日々勉強ですけど、校長も私も頑張って、一緒に、私たちにできる精一杯で、食の未来をしっかり創っていきたいと思います。

食で育てるということ

佐藤英樹×服部幸應×服部津貴子　対談

※敬称略

『文理佐藤学園』の創設者・佐藤英樹氏。「次世代を担う世界にはばたくリーダーとして貢献する人材の育成」をモットーに〝理想の学校づくり〟に日々邁進し続ける佐藤氏と、現代の食と家族のつながり、『食育』のあるべき姿などを、初代道政校長、二代目記代子校長の思い出を交えながら語る三者対談。

佐藤英樹
（さとうひでき）

学校法人文理佐藤学園（埼玉県所沢市）の創立者、理事長

山梨県出身　1935年生まれ
東京農業大学卒。1960年、服部栄養専門学校の元栄養化学担当講師、1966年に西武栄養料理学院を設立。西武学園文理高等学校、中学校、小学校、西武文理大学、専門学校（栄養士・臨床検査技師・言語聴覚士・義肢装具士・調理師）八校の理事長、元学長、校長。2009年、旭日中綬章受賞。

――家に伝わる『家伝料理』の大切さ

服部津貴子（以下津貴子） 父と母、両方をご存じの方って、さみしいのですが、段々と少なくなってきまして。先生は学園を卒業された後、多方面で活躍されていますね。

佐藤英樹（以下佐藤） 僕はここの卒業生の一人。先代の記代子先生、先々代の道政先生の下で、徒弟制度の助手のような仕事をしていました。幸應さん、津貴子ちゃんたちのおじいさまが有名な映画監督でね、映画界に出るはずだったのでは。お母さまの記代子先生は抜群にカメラ映りがよくて、その辺の女優さんよりきれいで、本来は、二人ともカメラ映りがきれいでしょ。

服部幸應（以下幸應） 母も少しテレビに出ていたみたいですけど、今みたいに料理番組が多くはなかったですね。

佐藤 お料理番組が、ショー的な感じではなく、実務手的な時代だったんですよ。お母さんはちょっと時代が早かったと思うんですね。外食産業が花開く時代を、道政校長と記代子先生が、二人で手を携えて先頭に立って切り拓いていって、お二人とも大変苦労されたと思います。その流れを汲んで、兄妹お二人とも、テレビ映りもいいし、タレントになってもおかしくないのに、実学の知識を持っているから、そちらが主ですよね。

津貴子　校長は主に経営面と広報面、私は研究や経営面と、交差する部分もありつつ役割分担しています。

佐藤　服部学園黎明期は、お父さま、お母さまが二人力を合わせて、今は、幸應さん、津貴子さん兄妹二人が協力してやってきて、学園もこれだけ発展したんですね。

佐藤　小学校の校長をしていて思うのは、現代、非常に精神的な安定を欠く時代になってきているということ。各々の家に伝わる『家伝料理』、おばあちゃんが作ってくれた料理がなくなってきています。『家伝料理』というのは、初代の道政校長が提唱をしたんです。それが、今、幸應先生と津貴子先生が新しい時代の『食育』という形で旗を振っているものに繋がっていると思うんです。現代は家庭が分解寸前に来ているんですよ。

津貴子　不安定な時代になっているかもしれませんね。

佐藤　ですから、初代が唱えた『家伝料理』を二人で受け継いでいってほしいんです。

幸應　初代の志を継いで、服部学園で最初に『食育』というのを提唱しました。

佐藤　知育、徳育、体育があって、『食育』ですから、それをもっと論理的にやっていかなければなりません。今、親にありがとうという思想がなくなってきていて、学問の知識は九州している子たちは多いんですが、人として大事なことを忘れてほしくないですね。

幸應 家族団欒というのがなくなってきているのではないでしょうか。

津貴子 大人になる礎を作る大事な時期には、家族団欒というのは必要な気がしますね

佐藤 その上、毎日、できあいのもので済ませてしまうこともあるみたいですから、なおさら、『家伝料理』というものの存在が危ぶまれます。

――『食育基本法』は、『食卓基本法』でもある

佐藤 幸應先生、津貴子先生が力を合わせて、『食育』を提唱し、それが、日本の教育制度の中に載った。現代の家庭の問題や、いじめの問題を考えていくと……

幸應 食べ物も大きな影響があると。

津貴子 校長が、講演、勉強会など一生懸命唱えてきたことよね。

佐藤 社会で認知されてきていて、これがしっかり根付いていくといいよね。

幸應 幼少期の母子関係というのも重要ですよ。一番最初に出会った母親という存在とのつながり、コミュニケーションは大事で、その後の人間関係に影響していくんですね。その後、小中高とありますが、母子関係形成が一番大事なんです。

津貴子 私も育児しながら働いていたから思うのだけど、子どもと一緒にいられる時間

が限定されたり、また、子どもと一緒にいたくても、旦那さんのお給料だけではやっていけなかったりというご家庭もすごく多いのよ。その辺を直していかないと。

幸應　そうなんだよね。根本的な社会の構造改革が必要だよね。原点として、『三つ子簿魂百までも』ということを、子育ての中で意識していくことが大事。社会の構造改革があっても、家庭内でのコミュニケーション、ぬくもりのようなものは、個々の家庭でしか得られないものもあるわけだから。

佐藤　食育の原点とも言えるかも。人間だからこそできるはずのことが、人間だからこそできなくなっているのかもしれませんね。

幸應　『食育基本法』を言い換えると『食卓基本法』だと思っています。僕が子どもの時は、お父さん、お母さん、おじいちゃん、おばあちゃんが一緒に、朝集まるとまず「おはようございます」と言う。次に、卓袱台(ちゃぶだい)を囲んで「いただきます」と言う。

　食卓を囲んで、大人たちに、「姿勢が悪いよ」、「箸の持ち方が変だよ」と言われる。

津貴子　「どうしてにんじんを食べないの?」とか「ほうれん草をもっと食べなさい」とかもね。

幸應　そうそう、一挙手一投足言われるわけですよ。それで、一度、「なぜこんなにうるさいことを言われるの?」と聞いたら、「君ねえ、もしよその家であそこの子は、こんなおかしな食べ方をするよ、と言われたら、親が恥をかくんだ」と。

津貴子　ある時、校長が、母から、「お隣のおばさまが蒸しパンを作ったそうよ、お呼ばれに行ってらっしゃい」と言われて行った時のこと。

幸應　そうそう（笑）。母に「ビシッとするのよ、ビシッと！」と言われて、「うるさいなあ」と思いながら、付いて行ったんですよ。僕は、玄関の扉をガラガッと開けて、「失礼します」と言って、靴を揃えて、お宅に上がって、母の隣に立っていたの。そこに蒸しパンを持った、お隣のおば様が入って来られて、「あら坊っちゃん、なんで立っているの？　どうぞ座りなさい」「まあ、随分いいしつけをされた坊ちゃんねえ、奥様」って言ったんですよ。

津貴子　母は、その時のことを喜んでいたわよね（笑）。

幸應　『ああそうか、僕がビシッとすると母まで褒められるのか』。『ビシッとしなきゃいけないな』と子どもながらに思ったんですよ。そういう風に言われて、育ったのが、我々の世代なんです。最近は孤食化が進んでいて、家族や他の人から注意される機会も少ないわけ。食事の時に、「君、姿勢が悪いよ」「箸の持ち方が変だよ」とか言われないそうすると、どこに行っても、姿勢が悪いとか、箸の持ち方が変だったりする。僕が注意をするでしょ、「君、ここで肘をついて食べたら失礼だよ」って、そうすると、「うるせぇな、

余計なお世話だ」って逆ギレをされるんですよ。こんな「すいません」ってこっちが誤ってね。こんなことを繰り返してもいいのだろうか？　と。

津貴子　今こそ『食育』を進めていかないと。

幸應　日本国民がだめになっちゃいますよと。そういうことで始めた法律なんです。

佐藤　この服部学園の成り立ちと、これからの重要性は、『食育』にもあると思うんです。この学校の初代は伝統料理をやったと、私は思っています。関東大震災、大東亜戦争で料理人の質が壊れちゃった、その段階で道政という初代校長が、先祖から受け継いできた料理を現代に繋いだ。つまり言い換えると、先代がやった料理の本質のところを、三代目が『食育』という言葉として出してきた。先代の時には、当たり前の話だったんで、ことさら言っていなかったと思うんです。

幸應 そうなんです、昔はそんなの当たり前だった。

佐藤 それが三代目になり、『食育』ということを、日本で最初に言いだして、社会的に認知され、今重要なところに来ているのではないかと思います。

――アレルギーを子育てから考える

佐藤 今、イタリアでクラスを出しているんだけど、クラスに3人アレルギー性の子がおりまして。

津貴子 食べ物のアレルギーは大変ですよね。

佐藤 ですから、海外に行く時は、事前に、大豆がダメとか牛乳がダメという書類をそれぞれの分を持って行くんですよ。

幸應 日本では、あまりアレルギーについて考えてこなかったんですよね、少なくともこの20年は。ところが、食物アレルギーというのが目立ってきて、グルテンフリー食品も増えてきました。

津貴子 昔もあったんですよ。最近は、子どもの頃一度出て納まったアレルギーが、大人になって出てくるというのもあって。

幸應　ホルモンバランスが変わる頃に、再発するという。日本では、子どもが生まれて一年くらい経ってからおかゆをあげますね。もっと早いと、生後3ケ月くらいで、慣らすために、果汁を絞って、あげてもいい、味噌汁の上澄みだったらいいと。実はこれらはたんぱく質なんです。アレルギーというのは、たんぱく質を分解できなければならないんですね。人間の腸というのは、だいたい9ヶ月経たないと完成しないんですよ。完成していないところに、どんどん飲ませるからアレルゲンができてしまう、ということが次第にわかってきました。

津貴子　学校側としては、イタリアに行った時にレシピを変えてもらわないといけないですね。

佐藤　そうなんです。ですから、卵、大豆、牛乳などが入っていないものを選んで食べさせないといけません。

幸應　そういった七品目というのは、表示義務があるんですよ。卵、牛乳、小麦粉、ピーナッツ、そば、海老と蟹。それ以外に20品目ぐらいあって、牛肉、豚肉、鶏肉、イカ、タコ、みんな入っているんですよ。それと果物が増えてきたんです。

津貴子　子どもにも、ちょっと絞って果汁を与えられますからね。それらがアレルゲンになる場合も。

佐藤　すぐに出せるものを与えるというのは、考えないといけませんね。そういうことをどこかで、食い止めなきゃいけないよって言っているんですけどね。昔は、何もしなくても、おじいちゃん、おばあちゃんが一緒にいたからやってくれていたことがあるんです。親のできない部分をカバーしてね。

津貴子　今はおじいちゃん、おばあちゃんと同居されている方も少ないですね。

佐藤　みんなで手を携えて、社会全体でもカバーしていけるといいよね。

――美意識が至る所にあった記代子先生

佐藤　これまでのお話で、『母の味』ということが『食育』だと思うんだけれど、それは二代目の記代子先生にはなかった言葉だと思う。幸應先生の話は行きつくところ、家庭の親の問題で、『母の味』ということになると思うんだ。記代子先生は、美というものに対して、とてもこだわりがあったということと、癒しというか、『食育』という段階になる前のセラピー、特に『アニマルセラピー』ということを、ご自身が行っていたと思う。

津貴子　母は動物好きでしたからね。

佐藤　そのことを、お二人に伝えていったと思うんですね。そして、『食育』ということを、きちんと社会に問うたと。『アニマルセラピー』も『食育』の中の一つのことなんですよ。我々が少年期に非常にやさしく慈しむと言いますか、声をかけて頂いて、それがあったからこそ料理の本質を勉強できたと思うんです。

幸應　父の時代に、佐藤先生は、生徒だったんですよね。

津貴子　その頃は、母は父をフォローしていたんですね。父は厳しい人でしたから。

佐藤　親父さんから、「文明堂のカステラを買って来い」と言われたの。買いに行ったら、三越の包装紙と、とてもよく似た包装紙で、僕はそこが文明堂だと思って買ってきちゃったんだよ。田舎者だから。そしたら、ものすごく怒られて「これどこのだ!」って。

幸應　父はもうすぐ怒りますからね、僕も子どもの頃、ピシーンって叩かれましたよ（笑）。

佐藤　それから、よく「うなぎを買って来い」と言われたよ。当時は、その辺り歩けば至る所にうなぎ屋があってね。60年くらい前のことになるけど、そういう贅沢さ、豪快さを初代は持っていたね。

津貴子　すごく、口が肥えていましたよね。

幸應　こだわっていましたよ。「まずい」ものは「まずい」ってはっきり言うし。

佐藤　お母さんは美にこだわっていましたね。幸應先生は意識していなかったかもしれないけど､そういう遺伝子は親からもらったのではないかな。スタンドカラーのジャケットを着こなしているでしょ、これだけで服部幸應とわかるよね。きっと記代子先生の美意識が至る所にあって、子どもたち、お二人にすごく伝わっている気がします。

津貴子　母は、すごくおしゃれでしたよ。

佐藤　本人たちは気付いていないけれど、親からもらった美意識、お父さんは食べるものについては、美意識は強かった、もちろん、洋服も立派なものは着ていたけど……。

幸應　センスの話ですね。

佐藤　センスがね、あなたたち二人に伝わって、この学校が隆々としているんですよ。

津貴子　いろいろな意味で、『母から受け継いだ宝物』ですね。ありがたく感謝しなければならないと思っています。

幸應　ＤＮＡの遺産ですね。

――『料理は徒弟制度』から『料理はサイエンス』へ

佐藤　記代子先生は女優さんの様に美しくて、何しろセンスが違うんだ、着るものも。

それからやさしかった。親父さんは、日本の調理学を復活させる第一人者だったから、非常に厳しい人だった。

幸應　規律を重んじる父でした。

佐藤　軍隊の栄養学はいかにあるべきかという、今の厚生省（※現厚生労働省）の関係の、陸軍の少将であったんですね。それを元に、戦後、栄養学と調理学をやってきているわけですね。

津貴子　料理を科学的な観点から見てもいました。

佐藤　私は、当時、『料理は徒弟制度だ』と思っていて、それでここへ来たら、親父さんと記代子先生が、『料理はサイエンスだ』と言うわけです。だから「君は大学へ行って科学を勉強しなさい」と。それで、ここで調理学を教わって、ホテルのコックさんをやって、いろいろなことをやって来ていて……。

幸應　今から60年くらい前は、料理は科学として、体系化されていなかったですよね。

佐藤　料理と言う言葉は「材料を理屈通りに作る」ということなんですよ。理屈通りに作るというのは、例えば、紅茶は産地、種類によっていれる温度が本当は変わっているんですが、勘でやってきたんですよね。イギリスでは研究が進んでいて、お茶のいれ方と、家の差があって、理屈があるんです。

津貴子　野菜の茹で方、肉や魚の焼き方なども、理屈がありますもんね。

佐藤　天ぷらも油の温度を何度で揚げるかということもしっかりと決まっています。親父と記代子先生は、実にしっかりと、料理の理屈、理論の土台を作ったんです。その流れが合って、今の『食育』がある。幸應さんと津貴子さんを突き詰めると、親へたどり着くと思うな。

幸應　その意味では、昭和30年に、大野伴睦元自由民主党副総裁と共に、父が提案し、議員立法で『調理師法』を制定させることができ、今の調理師養成施設ができたのです。明治以降は、外国の料理を家庭料理に取り入れて、そして、昭和30年から、外食産業のために調理師の要請に力をいれていたのです。

津貴子　平成17年からは、『食育基本法』を法制化してきました。平成29年には、議員立法により、文化芸術基本法（※平成29年6月23日までは文化芸術振興基本法）が改正され、その第12条『生活文化』の項目に『食文化』が追記されました。

幸應　昔から我々は、食は文化だと思っていましたが、実は、今回の改正ではじめて〝食が文化〟になったのです。

佐藤　これからも、初代、二代目の志を胸に、二人力を合わせて不撓不屈の精神で臨んでいって下さい、応援しています。

『私の時間』2013年対談を再構成したもの

後世に伝えたい『食育』レシピ

日本では、四季折々の大地の恵みを活かし、調理、保存、味付け、盛り付けなど工夫を凝らしてきました。また、日本の食文化は、年中行事と密接に関わっており、自然の恵みである食を分け合い、食の時間を共にすることで、家族や地域の絆を深めてきました。

日本人の伝統的な食文化が、人類の無形文化遺産を代表するものの一つとして世界的に認められ、2013年にユネスコ（国際連合教育科学文化機関）の「無形文化遺産」に登録されました。

脈々と受け継がれてきた、日本の伝統的な食――服部学園では、子どもたちが身近な日本の食文化の素晴らしさに気付き、未来に向けてそれを継承していこうという気持ちを育んでほしいと、『食育』の活動にも力を入れています。ここで、紹介する、出汁やおにぎりは、日本人として、後世に作り継いで、食べ継いでいってほしい、日本の食文化の原点です。

和食は「WASHOKU」として、国際的にも注目を集めています。私たち日本人が、食の重要性、文化、歴史を再認識し、日々の生活の中で、改めて和食の役割を考えていくべき時に来ているのではないかと思います。

出汁

【材料】

一番出汁

水

1500mℓ：1.5ℓ

昆布　30g

鰹節　45g

二番出汁

水　2ℓ

(1番出汁の
昆布・鰹節)

鰹節　ふたつかみ

〈一番出汁の引き方〉

1 鍋に水を入れ、ぬれ布巾で拭いた昆布を入れ、2〜3時間置いてから、弱中火にかける。

2 ①が沸騰する直前に昆布を抜き、アクを取り、火を止め、鰹節を入れる。
優しく・丁寧・静かに箸で鰹節を沈めアクを取る。

→次ページに続く

③ 鰹節が沈んだら、濾し器やざるに布またはキッチンペーパーを敷いて、静かにゆっくり漉す。

〈**二番出汁の引き方**〉

① 鍋に一番出汁の昆布・鰹節と水を入れ、弱中火にかける。

② 沸いてきたら火を弱め、昆布と鰹節の旨味を引き出し、2つかみの鰹節を入れ、弱火でコトコトさせ、アクが出てきたらアクを取り、漉す。

【作り方】

〈**なめこと豆腐のみそ汁**〉

① 出汁を温め、洗ったなめこを入れ、みそをとく。小角に切った豆腐を入れ、温めたら、お椀に注ぎ、小口切りにした万能ねぎを添える。

→なめこと豆腐のみそ汁画像は次ページ

【材料】(2人分)

なめこ	1/2カップ
絹豆腐	1/4カップ
万能ねぎ	適量
出汁	400mℓ

※出汁のひき方は前ページ参照

みそ	20g

塩むすび

【作り方】

❶ 手を濡らし、塩をつけ、150g程のごはんを取り、軽く握って、おむすびにする。
★ごはん粒同士の間にふっくらいと空気が入るように
※手は清潔に。

【材料】(？人分)

ごはん300g(2個分)
150g→ごはん茶碗約1杯分
塩　1g(ひとつかみ)

〈にんじんと乾ししいたけの煮〆〉

❶ 乾ししいたけは、水で一晩戻し、軸を切る。
人参は、皮を剥き、一口大の回し切りをする。
絹さやは、筋を取り、1分程度塩茹でをして冷水に取る。

❷ 鍋に合わせ調味料を入れ、①の乾ししいたけとにんじんを入れ、火にかけ煮汁が1/4位まで煮詰める。

❸ ②を盛り付け、①の絹さやを添える。

【材料】(4人分)

にんじん	150g
乾ししいたけ	20枚
絹さや	8枚
(調味料)	
出汁	200mℓ
酒	45g(大さじ3)
しょうゆ	54g(大さじ3)→45g?
みりん	54g(大さじ3)→45g?
砂糖	25g(大さじ2・2/3)

【作り方】

〈**玉子焼き**〉

1. 卵を割りほぐし、調味料を入れ、よく混ぜる。
2. 玉子焼きの鍋は、熱してから油をまんべんなくひき、余分な油はキッチンペーパーで拭き取る。
3. ①の卵液の3分の1の量を流し入れ、中火で焼く。
卵が半熟状態になったら手早く手前に巻いて、奥に移動する。
同様に2回繰り返し、火から下ろす。
4. 食べやすい大きさに切り分け、器に盛る。

【材料】(2人分)

卵	3個
(調味料)	
出汁	50mℓ (1/4カップ)
塩	1.5g
砂糖	30g
薄口しょうゆ	10mℓ (小さじ2)

〈**鶏のから揚げ**〉

1. 鶏肉は、一口大に切り、合わせ調味料・おろしにんにく／しょうがに15分漬け込む。
2. ①に片栗粉を付け、160°Cの油に成形しながら揚げる。
一度揚げ、油を180°Cの温度にして、2度揚げし、きつね色になるまでカラッと揚げる。

【材料】(2人分)

鶏肉	250g(1枚)
にんにく(おろしておく)	5g
しょうが(おろしておく)	5g
片栗粉	適量
油	適量
サラダ菜	適量
(合わせ調味料)	
しょうゆ	18g(大さじ1)
みりん	18g(大さじ1)
酒	15g(大さじ1)

コラム　おむすびの思い出

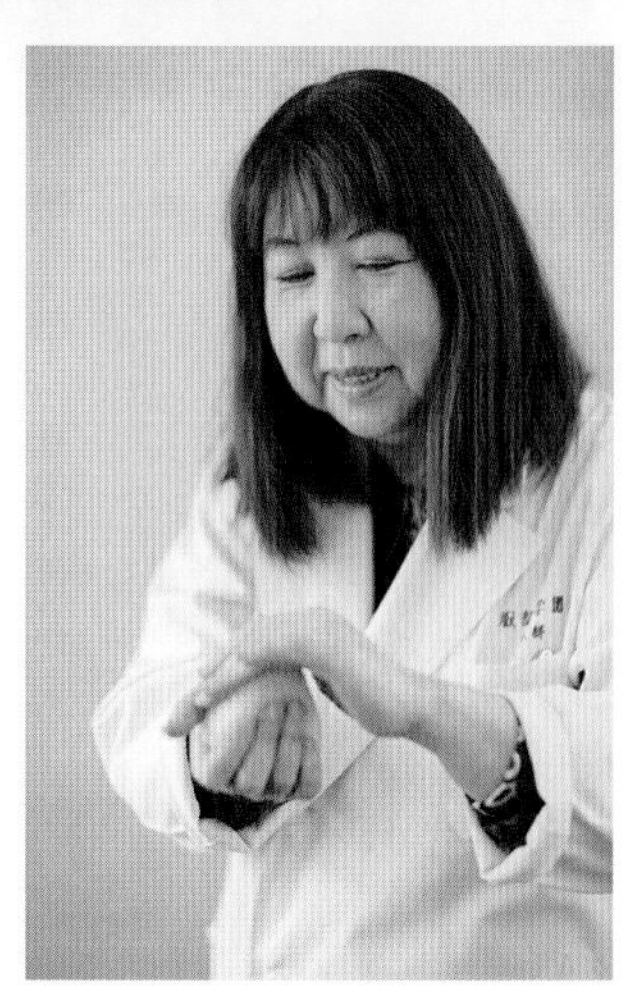

母が作ってくれたもの、よく思い出すのはおにぎり（おむすび）です。

不思議に母が作ってくれた『おにぎり』は何個も食べられるのです。いい塩梅の塩味で。母がにぎっているそばから、兄と競い合って食べた記憶があります。

母が仕事で外出している時には、時折『おにぎり』が家においてありました。ゴマがかかっていたり、ノリが巻いてあったり、中に鰹節や梅が入っていたり、鮭やたらこの時はもうそれだけでごちそうでした。具の入っていない塩むすびの時、母は乾（干し）しいたけの煮つけやいろいろなおかずを添えてくれました。甘辛く煮付けた乾（干し）しいたけは子供心にとても美味しく感じました。学校から帰ってきて『おにぎり』を見つけた日はとても幸せで、忙しい母がいない寂しさも紛れたものです。

母の手作りの『おにぎり』はいつも三角でした。手に水をつけ、塩を手のひらにつけて、ごはんをのせて、手を山のようにしてにぎってくれるのですが、その手がとても美しく、いつもうっとりと眺めていました。私が横にいると、母は必ずそのにぎり方を教えてくれていました。

今は衛生面からラップを使ってにぎるのが当然なのですが、もし食が進まないお子さんがいらしたら『おにぎり』を作ってみてください。その時は、良く手を洗ってお子さんの目の前で、ぜひ素手でにぎってみてください。少し小さめににぎってあげるといいですね。そしてお子さんにもにぎらせてみましょう。最初は水を手につけてもべたべたとご飯粒がつくと思います。でも、そこで叱らないで上手ににぎる方法を教えてあげてください。きっとお子さんの記憶に、暖かい食事の風景として残ると思いますよ。

日本人１人が１日にもう１口今よりお米を多く食べると、日本の自給率は１％上がると言われています

これは先進国の中では最低水準です。ぜひもっと『おにぎり』派のお母さんやお父さん、子どもたち、若者が増えていくといいですね。『おにぎり』が今後の日本の食を支えていく重要な鍵になるかもしれません。

【免疫を整えるために】

腸の壁の内側には免疫を司る免疫細胞が集中しており、身体全体の約7割が腸に集まっています。栄養素バランスを整えて規則正しい食事をし、腸の環境を改善することが大切となります。また、免疫にかかわる成分は、たんぱく質やビタミン、ミネラル、乳酸菌、食物繊維、ファイトケミカルなど数多くあります。

ファイトケミカルとは、植物に含まれる機能性成分の総称です。身体を動かすことが出来ない植物が紫外線や害虫、雑菌から身を守るために自ら作り出す成分のことで、1万種類以上あるといわれています。ファイトケミカルの約9割は野菜や果物など、日常的に食べている食品に含まれています。

免疫を整えるレシピ

キノコのパイ包み焼き

【材料】(2人分)

鶏のささみ	2枚
スライスチーズ	2枚
塩・こしょう	少々
エリンギ	40g(1/2本)
冷凍パイシート	1枚
卵黄	1個分
※エリンギ以外しいたけでも代用可	
サラダ	15g(適量)

【作り方】

1. エリンギは縦3mm程度にスライスする。
2. 鶏のささみの筋を取って、肉叩きで薄く伸ばし、塩・こしょうをする。パイシートを出しておく。スライスチーズにエリンギを包む。
3. パイシートに②の鶏のささみとスライスチーズで包んだエリンギを乗せて包み、表面に卵黄を塗る。
4. 200℃に予熱したオーブンで10分焼き、食べやすい大きさにカットする。サラダを添える。

免疫機能を整える食材について

食育・免疫機能 POINT

キノコのパイ包み焼き

★鶏肉　『たんぱく質』『ビタミンA』

鶏肉は動物性たんぱく質であり、アミノ酸スコアが高く良質なたんぱく質といえます。たんぱく質は免疫細胞を作るために必要な成分です。また、鶏肉(もも，皮つき，生)は、豚肉や牛肉(もも，脂身つき，生)と比較すると、皮膚や粘膜の健康を保ち、免疫機能を保つ『ビタミンA』が多く含まれています。

★チーズ　『たんぱく質』『カルシウム』

発酵食品であるチーズは、腸内環境を整え、免疫細胞を活性化させる働きがあるといわれています。また、チーズは優れたカルシウム摂取限です。カルシウムは骨や筋肉を作るだけでなく、免疫細胞が機能するために重要な働きをしています。

★エリンギ　『β-グルカン』

水溶性食物繊維である『β-グルカン』は腸内環境を整える効果が期待できます。さらにがん予防や腸内環境を改善し、便秘を解消する効果もあります。

しいたけナッツチップス

【作り方】

1. 乾ししいたけはさっと洗って、水で戻してから石づきを取ってキッチンペーパーで水気を取り、薄くスライスする。
2. ②に片栗粉をまぶし、厚手の鍋かフライパンに底から3～4cm程度の油を入れて熱し、160℃の揚げ油で約5分、カラッとなるまで揚げる。
3. 鍋にみりんを入れ、加熱し、中火ではちみつ状になるまで煮詰めたら、しょうゆを入れる。
4. みじん切りにしたバターピーナッツを加えて和え、盛り付ける。

【材料】(1人分)

乾ししいたけ 480g
(8枚～10枚)
片栗粉 20g(大さじ4)
サラダ油or
オリーブオイル 適量
バターピーナッツ 40g
(なければアーモンド、くるみなど)
みりん 150mℓ
(2/3カップ)
しょうゆ 15mℓ
(大さじ1)

免疫機能を整える食材について
食育・免疫機能 POINT

しいたけナッツチップス

★乾ししいたけ　『ビタミンD』

『ビタミンD』には、免疫機能を調節する働きがあり、ウイルスによる感染症への効果も期待されています。特に乾ししいたけは、生のしいたけよりも多く『ビタミンD』を含んでおり（約42倍）、日光に当てることでビタミンDが増えるといわれています。ヒトの皮膚に紫外線が当たることでもビタミンDが活性化するため、適度な日光浴も推奨されています。

★ピーナッツ、アーモンド　『ビタミンE』

ピーナッツやアーモンドに含まれるビタミンEは、強い抗酸化作用があり、細胞膜を守る働きがあるといわれています。免疫機能を高め、体内に侵入してくる細菌やウイルスを撃退するためにもビタミンEは必要となります。さらに、ビタミンCと一緒に摂ることで相乗効果が期待できます。アーモンドは、種実類の中でビタミンEが特に多く含まれています。（表１参照）

表１．100gあたりのビタミンE（mg）含有量の比較

食品名	ビタミンE（mg）
アーモンド（炒り／無塩）	28.8
ヘーゼルナッツ（フライ／味付け）	17.8
落花生［ピーナッツ］（炒り）	10.4
くるみ（炒り）	1.2
カシューナッツ（フライ／味付け）	0.6
マカダミアナッツ（炒り／味付け）	Tr（微量）

牛肉のグリル、春菊のバターソテー添え

【作り方】

1. ステーキ用牛肉に塩・こしょうを振っておく。
2. 鍋に水を入れ、加熱し、沸騰したら、春菊を入れ、さっと茹でて氷水に取り、キッチンペーパーで水気を取る。
茎の部分は小口切り、葉の部分はザク切りにし、フライパンにバターを入れ、溶けたら、春菊を入れ、ソテーする。
3. Ⓐの調味料をボールで合わせる。鍋に合わせた調味料を入れ、沸騰したら、水溶き片栗粉を入れ、とろみを付ける。
4. フライパンにバターを熱し、①をソテーし、食べやすい大きさに切る。
5. お皿に②の春菊のバターソテーを盛り、④を乗せ、ソースをかける。

【材料】(1人分)

ステーキ用 牛肉　120g
塩・こしょう　少々
春菊　3本
有塩バター　少々
こしょう　少々

(ソース)

Ⓐ
おろししょうが　5g(小さじ1)
砂糖　7g(大さじ1)
しょうゆ　10g(大さじ2/3)
みりん10g(大さじ2/3)
水　30g(大さじ2)
水溶き片栗粉　少々(片栗粉 小さじ1/2、水 大さじ1/2)

鮭ときのこのみぞれ和え

【作り方】

1. 舞茸、しめじはキッチンペーパーで汚れを取り。石付を取って、わけておく。大根は皮をむいて、おろし、水気を切る。
2. 鮭に塩・こしょうをし、熱したフライパンにオリーブオイルを入れ、鮭の両面をこんがりと焼く。
3. ①を②のフライパンに加え、炒める。
4. ③の鮭ときのこを皿に盛り、大根おろしをのせ、仕上げにポン酢をかける。

【材料】(4人分)

生鮭	400g(4切)
舞茸	75g(3/4パック)
しめじ	75g(3/4パック)
大根	200g(1/5本)
塩・こしょう	少々
オリーブオイル	13g(大さじ1)
ポン酢	45mℓ(大さじ3)

免疫機能を整える食材について

食育・免疫機能 POINT

牛肉のグリル、春菊のバターソテー添え

★春菊　『β-カロテン』『ルテオリン』

『β - カロテン』は、ビタミンAに変換され、皮膚や粘膜でのウイルスや細菌の侵入をブロックする働きがあり、免疫バリアを健康に保ちます。また、抗酸化作用により、発がんや動脈硬化を防ぐともいわれています。さらに、『ルテオリン』というポリフェノールは、アレルギーに関わる酵素の作用を阻害し、抗アレルギー作用・抗炎症作用を発揮するといわれています。

★牛肉　『良質なたんぱく質』

牛肉は動物性たんぱく質であり、アミノ酸スコアが高く良質なたんぱく質といえます。たんぱく質は免疫細胞を作るために必要な成分です。また、牛肉は鉄の方でも吸収のよいヘム鉄が多いのが特徴です。

★しょうが　『ジンゲロール』『ショウガオール』

『ジンゲロール』や『ショウガオール』は、抗アレルギー作用・抗炎症作用があり、免疫機能の維持や胃腸の働きを整えるともいわれています。

鮭ときのこのみぞれ和え

●鮭　『アスタキサンチン』

鮭は免疫細胞の産生において、材料となるたんぱく質を多く含んでいます。動物性たんぱく質であり、アミノ酸スコアが高く良質なたんぱく質といえます。また、鮭やイクラ、エビ、カニなどの赤い色素(天然色素のカロテノイドの一種)である『アスタキサンチン』は、強力な抗酸化物質で、免疫の低下を防ぐ働きがあるといわれています。

★舞茸・しめじ　『β-グルカン』

水溶性食物繊維である『β-グルカン』は腸内環境を整える効果が期待できます。

さらに、免疫にかかわるNK細胞を活性化させる働きがあります。特にきのこ類は『β-グルカン』を多く含む食品であるため、積極的に摂りたい食材といえます。

★大根　『アリルイソチオシアネート』

大根の辛味成分である『アリルイソチオシアネート』は、抗がん作用、抗菌作用があるといわれ、他にブロッコリーやキャベツ、小松菜、わさびなどにも含まれる成分です。

コラム

今を生きる私たちへ――

料理家として「食は自分を創る」という考えの下、料理をすること、料理を教えること、食べることを、これまで、ある種当たり前だと思って過ごしてきました。もちろん、当たり前といっても食材、自然、人への感謝を忘れることなく取り組んできてもいましたし、様々な経験もしつつ、自分の職務、職責、人としての営みを全うしてきたつもりでした。

ここにきて、新型コロナウィルス感染症（COVID-19）という感染症の流行により、自分自身は元より、一層、食、人、自然などについて考えるようになりました。私も、仕事柄、どうしても外出せざるを得ない日はありますが、緊急事態宣言や自粛により、自分を見つめ直す時間を今までなかったくらい持ちました。

自分史上、つらいこと、悲しいことが起こった時、その度に自分自身に問いかけてきました。

――これは私にとってどういう意味があるのだろうか？　と。

つらいこと、悲しいことが起こった時々の、タイミング、年代、状況によっても、私が受けたインパクトやダメージは違ってきています。20代、30代の時は、今よりも、もっと余裕がなくて、マイナスと思える出来事を消化するのにも、時間がかかったり、いつまでも引きずったりすることもありましたよ。乗り越えるための不安や畏れ、不条理など、簡単に割り切れるものではないのは重々わかっているつもりです。人様に言えないような悲しく、悔しい思いも経験し、歳を重ねて得た、私なりの自分自身への問いへの答えは、

――プラスでもマイナスでもない、どちらかは自分が決めること。

プラスの出来事は次回さらにプラスに転じるように、マイナスと思える出来事は、そこからの学びや立ち向かった勇気、立ち上がったバイタリティを、次の経験に活かしていくといこうと思えるようになりました。そこに至るには、「自分を諦めない」ということがとても大事です。自分が諦めたら、そこですべてが終わる、諦めずにやってよかった、というような経験、想い、を重ねた結果です。

新型コロナウィルス感染症は2021年に入っても、予断を許さず、世界的にも未曾有の事態に直面しています。感染された方、感染してお亡くなりになった方を思うと、心が痛みます。

私たち、人類は、今までに幾度となく感染症のパンデミックを経験してきています。ペスト、コレラやスペインかぜなど様々な感染症と闘い、その都度に終息を見てきています。

過去の歴史から、人類も学ぶことはあり、感染症も必ず終わりが来るということ、専門家では、ワクチンを開発したり、必要な策を講じたりすることで、だいたいどれくらいで感染症がおさまっていくかというデータもあるようです。

今もこの様な困難な局面で、医療従事者をはじめ、各々の分野で真摯に仕事を全うされている人たちがいます。各々方の役割は違いますが、それぞれのできることに取り組んでいれば、必ず光は見えてくるのではないでしょうか。

学園でもＺＯＯＭでの授業、イベントなどを取り入れていますが、有事や感染症が起こった過去において、これほどインターネットやパソコン、スマートフォンなどのデジタルデバイスを駆使したことはなかったでしょう。フードデリバリーサービスについても飛躍的に利用率が高まっています。もっと先の未来では、人類はもっと対応力を身につけているかもしれません。

私は、食というのは、明日への活力、希望に通じるものだと思います。コロナ禍では、免疫機能を整えたり、疲労しにくい身体を作ったり、健康を考えた食事を一層心がけています。また、食を通しての家族団欒や、周囲の人たちとのコミュニケーションなどのありがたさも増しました。

大変な状況の中でも、野菜、果物、お肉、お魚加工品などがスーパーに並び、生産者の方、水、電気、ガスなどライフラインを維持して下さっている方、物流を支える方々、私たち消費者に届けるため、販売面でがんばって下さっている方々、改めて、底知れない感謝、感動を覚えました。私は主に食の面から見ていますが、もちろん、他のあらゆる側面で、ノーマルだったことが、そうではなくなり、同じ局面を迎えているのではないでしょうか。

日々の食を含めた営みは、当たり前ではなかったこと、多くの人の支えや努力によって成り立っていることに気づいた現在。私にも不安や畏れはありますが、同時に希望もあります。「危機への対処は、新たな人生の転換点になる」とは私自身の人生から実感したことです。未来は今の積み重ねです。諦めず、今この瞬間できることを大事にして、私は食の未来を創っていくために、今できることを、積み重ねていきたいと思います。皆様と一緒に、未来に向けて今を積み重ねていければ幸甚です。

服部津貴子

参考文献

農林水産省『食品廃棄物等の利用状況等（平成 29 年度推計）＜概念図＞』
https://www.maff.go.jp/j/shokusan/recycle/syoku_loss/attach/pdf/161227_4-138.pdf
農林水産省『フランスの農林水産業概況 (2020 年度)』
https://www.maff.go.jp/j/kokusai/kokusei/kaigai_nogyo/attach/pdf/index-164.pdf
FAOSTAT『Food supply quantity(g/capita/day)」vegetables+(total)』
http://www.fao.orgfaostat/en/#home
国連食糧農業機関『世界の食料安全保障と栄養の現状 2019』
農林水産省『食育の推進に向けて～食育基本法が制定されました～』
https://www.maff.go.jp/kinki/syouhi/seikatu/iken/pdf/syoku_suisin.pdf
農林水産省『平成 20 年度 食料・農業・農村白書』https://www.maff.go.jp/j/wpaper/w_maff/h20/
農林水産省『令和元年度食料自給率』https://www.maff.go.jp/j/zyukyu/zikyu_ritu/attach/pdf/012-16.pdf
厚生労働省『「統合医療」に係る 情報発信等推進事業』ejim『ビタミンE』
https://www.ejim.ncgg.go.jp/public/overseas/c03/11.html
麻布医院 院長 高橋弘『免疫を整える食品』
http://www.nyusankin.or.jp/wp/wp-content/uploads/2019/12/Nyusankin_493_b.pdf
健康長寿ネット 公益財団法人 長寿科学振興財団『免疫力を高める食事とは』
https://www.tyojyu.or.jp/net/kenkou-tyoju/koureisha-shokuji/menekiryokuotakamerushokuji.html
京都府立医科大学 教授 吉川敏一『若さを保つ「赤い」食べ物魚の有用成分アスタキサンチン』https://www.heiwa.net/pdf/astaxanthin.pdf
サンジブ・チョプラ、デビッド・フィッシャー、(櫻井 祐子訳)
『ハーバード医学教授が教える 健康の正解』ダイヤモンド社

服部道政（はっとりみちまさ）

1907年12月　茨城県生まれ　1965年没
検事をしていた父栄二郎と、料理家をしていた母キセの長男として生まれる。

1930年3月　明治大学法学科卒業
1933年3月　服部流割烹家元教場 改組
　服部式料理講習会会長 就任
1940年3月　厚生大臣指定東京高等栄養学校校長　就任
1955年3月　服部高等栄養学校長　就任
1957年3月　厚生大臣指定服部栄養専門学校理事長・校長　就任
1965年　勲四等瑞宝章 受章

服部記代子（はっとりきよこ）

1924年12月　東京都生まれ　1977年没
旧姓 友成美以津　結婚後改名し記代子となる
映画監督をしていた父用三と、美容家をしていた母津多子の長女として生まれる。

1964年3月　YWCA（Young Womens Christian Association）家政部本科卒業
1945年3月　東京高等栄養学校卒業
　栄養士となる
1957年11月　国立公衆衛生院特別栄養研修課卒
1957年12月　服部栄養専門学校教授に就任
1960年3月　服部栄養専門学校副校長に就任
1965年　服部栄養専門学校理事長・校長に就任

著書に『四季のお料理集』（服部道政・記代子共著）

1944年　服部道政／記代子　結婚
1945年　幸應生まれる
1948年　津貴子生まれる

服部家家系図

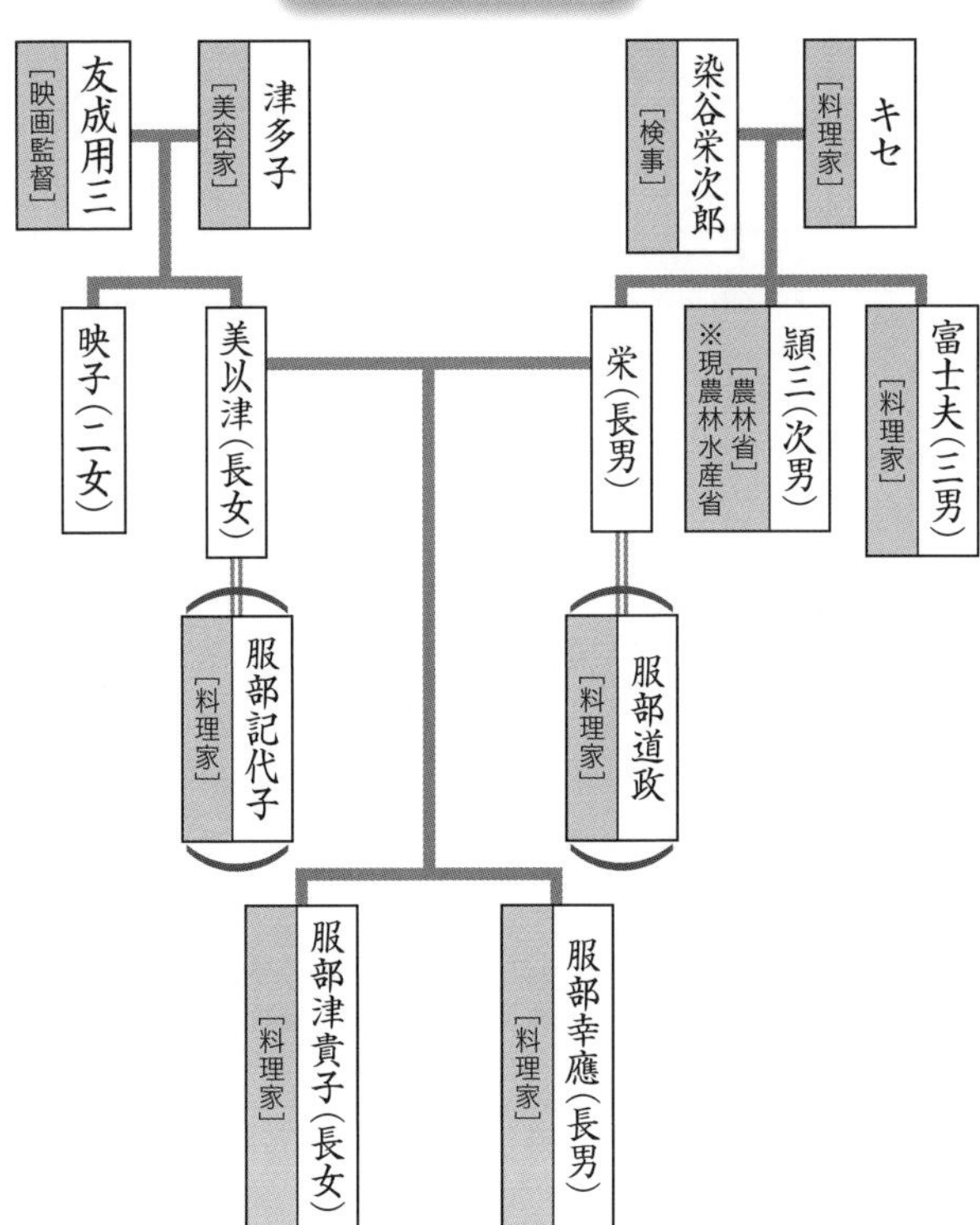

友成用三［映画監督］
津多子［美容家］
染谷栄次郎［検事］
キセ［料理家］
映子（二女）
美以津（長女）
栄（長男）
顗三（次男）［農林省］※現農林水産省
富士夫（三男）［料理家］
服部記代子［料理家］
服部道政［料理家］
服部津貴子（長女）［料理家］
服部幸應（長男）［料理家］

服部学園の歩み

昭和14年(1939年)	初代校長服部道政が、家元教場を改組し、東京中野に東京高等栄養学校を設立。栄養士養成と栄養家庭料理の改善につとめる。
昭和30年(1955年)	渋谷区千駄ケ谷に服部高等料理学校を開設。
昭和32年(1957年)	校名を服部栄養専門学校に改め、厚生大臣から栄養士法による栄養士養成施設の指定を受ける。
昭和34年(1959年)	調理師法による調理師養成施設校の第一号校としての指定を受け、栄養士・調理師の綜合学園となる。
昭和40年(1965年)	服部道政、勲四等瑞宝章を受章。 服部記代子、理事長・校長に就任。
昭和45年(1970年)	地上9階・地下1階の近代的校舎完成、斯界の注目を集める。
昭和52年(1977年)	服部幸應、服部栄養専門学校 校長に就任。現在に至る。 服部津貴子、家元会　服部栄養料理研究会　会長に就任。現在に至る。
昭和55年(1980年)	フランス、スペイン、イタリア、韓国、中国など海外と技術交流提携し、世界各国の著名料理人の招へい始まる。
昭和56年(1981年)	服部幸應、学校法人服部学園 理事長に就任。現在に至る。
昭和57年(1982年)	文部省より国費留学生の指定第1号校となる。
平成3年(1991年)	「真空調理世界大会(仏･ロアンヌ)で、西洋料理主任教授佐藤月彦が準優勝に輝く。
平成8年(1996年)	「ハットリ・キッズ・クッキングコンテスト」第1回開催。 フランス年における、フランス政府機関指定の講習イベント実施校となる。
平成14年(2002年)	スペイン政府機関指定、講習会協力校となる。レストラン「エルブリ」のシェフ、フェランアドリア氏による講習会を開催
平成15年(2003年)	「食育」を広めることを目的として多数企業に協賛頂き、『HATTORI食育クラブ』発足。
平成16年(2004年)	地上9階、最新設備を整えた新校舎「HATTORI ANNEXE」が完成。それに伴い、学生の増員を行う。「しあわせCookingスクール」を開講。
平成17年(2005)	「国際マグロ料理コンテスト(伊・サンピエトロ島)」で一枚田清行(日本料理)・小高勇介(西洋料理)両教授が優勝。
平成18年(2006年)	「第13回シラ国際外食産業見本市のコンクール(仏・リヨン)」で本校スタッフを含む日本チームが5位に入賞。
平成21年(2009年)	服部幸應プロデュースによる、世界のトップシェフが集結した「世界料理サミット2009 TOKYO TASTE」を開催。
平成24年(2012年)	「世界料理サミット“TOKYO TASTE 2012”」と世界9ヵ国の料理人が集う“G9＋東日本大震災復興支援”を合同で開催。
平成27年(2015年)	世界ベストラストラン50で4度首位に輝いたコペンハーゲンのレストラン「noma」料理長「レネ・レゼビ氏」による料理講習会を開催。同店の2番手シェフである当校卒業生もスタッフとして栄校。 校長・服部幸應が長年の「食」分野の功績を認められ、フランス共和国大統領より「レジオン・ドヌール勲章シュヴァリエ」を授章。
平成30年(2018年)	食に関わりのある企業の支援により、学園独自の「企業奨学金制度(無返還)発足」。「(株)プレコフーズ×服部栄養専門学校杯」第1回開催。
令和３年(2020年)	服部幸應　天皇陛下より旭日小綬章を受章

おわりに

この本を出版するにあたり、昔、母が書いた料理の本や、服部流の書籍などを改めて見返しました。服部栄養専門学校の技術部の先生方の力を借りて、昔のレシピに忠実にお料理を再現したのですが、先生方から「え、こんなこともやっていたんですね？」と驚きの声があがるほどに昔のレシピは手が混んでいて、丁寧なものでした。

今はちょっとスマホで検索すれば欲しい時に欲しい答えが瞬時に出る時代。便利なものも地方のものも簡単に手に入ります。昔の人はそのひとつ一つを手に入れるために何日もかけ、調べ物をするにも図書館に行ったり、専門家に話を聞いたりしなければなりませんでした。レシピひとつをとってもその裏には計り知れない努力、さらには知恵と工夫があったことを知り頭が下がる思いでした。

母が亡くなった時、私はまだ20代。もっといろんなことを学びたかったという思いが未だ強くあります。思いがけない古い写真も見つかり、改めて母を恋しく感じています。

母を追うことで祖父母の人生にも向き合うことができました。祖父母の生き方は自由でおおらかで、今の私からすると驚きの連続でした。これまで知らなかった祖父母に触れられたことは私の大きなエネルギーになりました。

昔から母のことを本にしたいと思っていた私の気持ちを実現してくださった、愛育出版の伊東英夫社長、匠建設の元社長中原年男さん、元オリンピック金メダリストの白井貴子さん、料理家の天谷美智子先生、ＣＢＩ企画代表の根本千代子さん、母の従姉の新治子さんと大槻陶子さんに心から御礼申し上げます。また、私の知らなかった若い時の母のことを話してくださり、出版の後押しをしてくださった多くの方々にも感謝の気持ちでいっぱいです。２０２０年はコロナ禍という未曽有の事態が発生し、学校も大きく体制を変えなければならない大変な時期に、昔のレシピの再現に力を貸してくださった調理技術部・教務部の先生方、秘書室の皆さん本当にありがとうございました。

この本が私だけのものではなく、この本を読んでくださった方々、そして母を知る服部栄養専門学校の役員、教職員、卒業生の皆さん、講師の方々の記憶に残る一冊となり、皆様方が健康で心穏やかにお過ごしいただけますことを心より祈念いたします。

最後にこの本の制作に当たり、誠実に向き合い、素晴らしい本にしてくださった編集長の小林真名実さんに感謝致します。

また、私事ではありますが、52歳の若さでこの世を去った母への、ささやかな親孝行になればと願い、この本を亡き母に捧げます。

著者紹介　**服部津貴子（はっとりつきこ）**

服部流割烹家元会及び服部栄養料理研究会会長。学校法人服部学園常務理事。

1948年　東京都生まれ。HATTORI キュイジーヌクラブ　ルナラパンを主催。フランス、スイスの料理・製菓学校に留学後、服部学園で教鞭をとる傍ら、農林水産省林野庁の特用林産物の普及委員、国際オリーブ協会アドバイザーとしても活躍し、兄 幸應と共に食育の普及活動を行っている。
著書：『中学生・高校生のための「おいしい」食育講座』、（同友館）『Q&A 季節の食育』（岩崎書店）、『服部流「味」の秘訣うちあけ手帖』（大和出版）、監修：『和食から WASHOKU へ：世界にひろがる和食』シリーズ（ミネルヴァ書房）、服部幸應との共著：『はじめての食育』全6巻、『元気が出る！　世界の朝ごはん』全5巻（日本図書センター）　など。

だいじょうぶ、だいじょうぶよ
――永遠に伝えたい服部家の心のレシピ

2021年5月20日　初版第一刷発行
著　者　服部津貴子
装幀／本文デザイン　島田淳一
撮影（※ P205-230・P256-267、プロフィール）　海老原隆
スタイリング（上記※ページ）　川村香織
印刷／製本　株式会社 ディグ
編　集　小林真名実
発行人　伊東英夫
発行所　株式会社 愛育出版
〒116-0014　東京都荒川区東日暮里5-5-9
TEL 03-5604-9431　　FAX 03-5604-9430

ISBN 978-4-909080-59-2 C0076